Raquel París es esa niña que cuando era pequeña se olvidó de soñar.

Pero que a pesar de los bamboleos de la vida, albergó siempre en su corazón una esperanza.

Siempre supo que existía la luz y aunque hubo momentos oscuros, la persiguió.

¿Y sabes qué?

La encontró.

Encontró la luz mucho más cerca de lo que nunca había imaginado.

Llevaba con ella toda la vida.

Sólo tuvo que mirar.

Estaba dentro de su corazón.

¿TE SIENTES LIBRE?

· RAQUEL PARÍS ·

¿Te sientes libre?

Primera edición: Julio de 2019

Segunda edición: Enero de 2020

Autoedición y diseño: Raquel París del Valle

raquelparisdelvalle@gmail.com

ISBN: 978-84-09-10934-0

IMPRESO EN ESPAÑA / *PRINTED IN SPAIN*
IMPRIME: LAGOMAR ARTES GRÁFICAS, S.L.

ÍNDICE

TESTIMONIOS

"Leer este libro ha sido aprender una nueva dimensión de la falta de libertad y de la necesidad de la misma a la vez. Como aliento y anhelo de vida. Ya que más que un libro, he podido acariciar con mis manos el poder de superación de Raquel, su reinvención, el amor hacia sí misma, su trabajo de fondo con la autoestima, y la fuerza de una mujer coraje que ahora es un estandarte con una bandera llamada libertad. En amarillo y violeta. Como las alas de una mariposa cuya crisálida ha sido la puerta de salida al más bello camino: El de su corazón". Gracias Raquel.

Mónica Ventura.
Autora de la trilogía "LEONAS"

"Libérate de una vez por todas de las mochilas que te lastran. Aprende a hacerlo de la forma mágica que Raquel te muestra en este libro. El rencor, el odio, la culpa, una baja autoestima… Quizás todo eso te están impidiendo vivir una vida plena. Atrévete a deshacerte de ellas con la lectura de este maravilloso libro. Te sorprenderá y te permitirá alcanzar la felicidad que estás buscando, llenando tu vida de amor".

Cristóbal Pérez Bernal.
Autor de "LA CARTA DEL ÉXITO"

"Raquel decide tomar las riendas de su vida y enfrentarse a una de las experiencias más duras de su vida: separarse de su pareja. Transformando los sentimientos negativos que en todo el proceso se generan, por paz, amor y felicidad. Si atraviesas por una situación parecida, este puede ser tu libro. Te ayudará a vivir de una forma más plena."

Laura Lostao Fuentes.
Autora de la trilogía "PUEDES CAMBIAR EL MUNDO"

"En su obra, Raquel, te ayuda a entender la libertad. A través de su experiencia, te enseña a empezar a ser dueño de ti mismo, a liberarte de la culpa y aumentar tu autoestima. Sin duda, su historia tiene mucho que aportar, y así lo hará."

Silvia Gómez del Pulgar.
Autora de la trilogía "REVBÉLATE"

"¿Te sientes libre? es uno de esos libros que te hacen avanzar en la vida y dan paso al amor por ti misma y por los demás. A través de su ejemplo y de su experiencia, Raquel te va guiando en el proceso de liberarte de toda esa carga que te detiene y que te impide alcanzar aquello que sueñas en esta vida. Porque cuando dejas ir el peso de la culpa o el rencor, te das cuenta de que aquello que sueñas es lo que mereces."

Mada Guzmán.
Autora de la trilogía "GOZAR LA MATERNIDAD"

"Raquel utiliza un lenguaje muy cercano y sencillo. Inmensamente tierno diría yo, para describir el amor que mana del susurro de su alma. ¿Durante cuanto tiempo hemos creído la mentira de la falsa verdad? El despertar es sentir a Dios dentro de ti y para ello debes amarte sin cesar. Raquel ahora camina orgullosa, erguida y amada por alguien muy especial: Su SER. Gracias por permitirme aprender de la vida con la lectura de las palabras sentidas de tu libro" Gracias Raquel.

Emili Puig Mena.
Autor de la trilogía "LA ESPIRITUALIDAD DEL DINERO"

"Raquel ParÍs, nos invita a recorrer un camino de superación y autoconocimiento. Con este libro, la autora plasma desde un punto de vista muy personal toda una serie de desafíos que han ido configurando su vida hasta el momento actual. Con un lenguaje cercano y sencillo, Raquel nos invita a compartir sus experiencias de vida haciendo que reflexionemos acerca de muchas cuestiones que nos pasan en nuestra vida diaria, permitiendo sentirnos plenamente identificados. Leer esta obra marcará un antes y un después en tu vida. No esperes más y déjate sorprender por la magia de: ¿Te sientes libre?"

Sara Cabanes.
Autora de la trilogía " BELLEZA SIN FILTROS"

Querida compañera de viaje, mi interpretación de tu obra son palabras llenas de satisfacción al ver en cada frase escrita cómo has conseguido plasmar con naturalidad y humildad, todo lo que es necesario saber para poder transformar nuestras vidas. En una sociedad en la que somos guiados por necios y ciegos, tú pones luz y nos abres el camino. Nunca dejaré que nadie vuelva a decidir por mí. Gracias por tu obra.

Sandra Criado.
Autora de la Trilogía Galáctica "Viaje hacia el Origen"

Mi experiencia al leer ¿TE SIENTES LIBRE?, ha sido la de sentirme identificado con muchas cuestiones que ella plantea y que realmente son hechos cotidianos llenos de creencias y contradicciones que no sabemos bien como resolver y sin embargo sientes que van mermando la luz de la autoestima. Así pues a través de esta propuesta lograremos entender nuestro comportamiento y nuestras barreras mentales creadas a través de la falta de información. A través de esta lectura entenderás de qué manera lo hizo ella para sacar su mejor versión!!! Gracias Raquel Paris!

Ricardo González Lesen.
Terapeuta en hipnosis Ericsoniana y PNL

"Una historia muy inspiradora. Con este libro descubres la magia que hay en ti para transformar tu vida y no sólo sentirte libre, sino ser libre de verdad."

Marta Nogués, autora de la saga SÍ A LA VIDA, subcampeona de Europa, finalista en Campeonatos del Mundo de Natación, Coach y Veterinaria.

"Con una sinceridad admirable, Raquel desnuda su alma y expresa los sentimientos de culpa que experimentó al tomar una decisión que nadie en su entorno entendía ni apoyaba: separarse de su marido para ser, por primera vez, fiel a sí misma. A lo largo de su libro desgrana las claves que ha tenido que descubrir y dominar para convertir el dolor en la oportunidad de ser una mujer feliz, orgullosa y libre. Sus dificultades y dudas son las mismas que muchas personas pasamos a lo largo de nuestra vida. A través de un lenguaje sencillo y directo Raquel te ayudará a que tu camino sea mucho más sencillo que el que ella ha tenido que transitar, pero con el mismo final: la felicidad de sentirte Libre."

**Pablo Madinabeitia.
Autor de la Trilogía de Crecimiento Personal y Empresa:
"ACROSTES"**

Raquel París ha sabido plasmar en ¿Te sientes libre? toda la dulzura, la compasión y el entusiasmo que todas las mujeres deberíamos encontrar en nuestro ser, para descubrir el verdadero amor. Ese amor incondicional que hace que entiendas todos los procesos por los cuales pasamos en la vida, hasta alcanzar nuestro máximo potencial. Si deseas reconectar con tu verdadero yo Raquel París te ayudará a descubrir todas las maravillas que existen en ti. Gracias Raquel por trasmitir tanto amor.

**Vanessa Calvo autora de la trilogía
"Mientras buscabas tú Esencia"**

PRÓLOGO DE LAIN GARCÍA CALVO

El tesoro que andas buscando se encuentra en la cueva en la que todavía no te has atrevido a entrar.

Todo el mundo quiere un cambio o una transformación en, al menos, un área de su vida.

Algunos quieren mejorar sus finanzas, su economía, sus condiciones en el trabajo, o simplemente dedicarse a aquello que les apasiona y poder vivir muy bien con ello.

Otros buscan mejorar sus relaciones, tanto en la familia, amigos, pareja o en el trabajo.

Algunos buscan mejorar su condición física, mental o emocional y quieren tener más elevados niveles de energía y vitalidad.

Sea lo que sea que busquen, no lo están buscando en el lugar adecuado. Y ese es el principal motivo por el que no lo encuentran.

Recuerda que tú NO ESTÁS DESTINADO, ESTÁS PROGRAMADO, pero que SI CAMBIAS ESA PROGRAMACIÓN PUEDES CAMBIAR COMPLETAMENTE TU DESTINO.

No importa de donde vienes, importa donde vas. Y hay una razón por la que el Universo cerró ciertas puertas de bronce, es porque hay nuevas puertas de oro esperando por ti.

Si algo te llevó a este libro es porque contiene algún tipo de información que te ayudará a crecer, expandirte y estirarte en tu vida.

Gracias Raquel por escribirlo y a ti, amado lector, por leerlo.

LAIN, autor de la Saga de LA VOZ DE TU ALMA.

www.lavozdetualma.com

AGRADECIMIENTOS

Quiero dar las gracias a todas las personas que me han acompañado en este proyecto. Las que han estado a mi lado y las que no lo han estado físicamente. Todas ellas han hecho posible que pudiera cumplir un sueño.

Gracias infinitas a mis hijos por ser el motor de mi vida y cargarme de ilusión día a día.

Gracias a mi familia, por empujarme a ser yo.

Gracias a mi gran amiga del alma, por estar siempre a mi lado, en lo bueno y en lo menos bueno también.

Gracias a mi maestro y amigo por ayudarme a crecer.

Gracias a tantas y tantas personas que me han aportado tanto: familia, amigos, jefes, compañeros de trabajo, profesionales y a ti lector, por decidir tener este libro entre tus manos.

Gracias a la tripulación que me acompaña en esta travesía, y especialmente al capitán. Sin ellos no habría sido posible.

GRACIAS, GRACIAS, GRACIAS.

CÓMO ESTÁ ESCRITO ESTE LIBRO

Este libro está escrito en forma de historia. Os cuento la historia de mi vida, con sus obstáculos y bendiciones. Lo que yo he aprendido en ella hasta la fecha.

Intento transmitiros mis conocimientos aprendidos en la escuela de la vida, sobre todo para educar a mis hijos, desarrollarme y crecer como persona, a raíz de mi divorcio y cómo lo viví.

Cómo he ido cambiando mis creencias para crear lo que siempre he creído, pero que por causa de ellas no conseguía lo que quería.

Explico también con teoría puntos a tener en cuenta para identificar comportamientos y actitudes o mejorar entre otras cosas tu autoestima.

Conceptos que he ido aprendiendo a base de leer e investigar, buscando respuestas y soluciones a conflictos que iban apareciendo en mi día a día.

Entre capítulos, inserto también una especie de diario de algunos días de mi vida en el transcurso de la escritura de este libro y lo que ello me ha ido reportando.

De hecho te aconsejo que desde ahora mismo y si aún no lo haces, adquieras un cuaderno o diario en el que puedas ir plasmando lo que sientes o las ideas que van apareciendo al ir leyendo este libro.

Estoy segura de que te sorprenderá. No tienes que ser un escritor ni hacerlo perfecto. Nadie lo leerá Es sólo para ti. Te recomiendo esto porque es una de las mejores terapias que yo he conocido. Ya desde niña escribía mi diario. Luego dejé de hacerlo y empezaron mis bloqueos. Retomarlo ha sido lo mejor que he podido hacer.

Estoy segura de que lo harás. No tienes nada que perder. Quizás tomes conciencia de algo de lo que ni siquiera te habías planteado o por fin te atrevas a hablar de algún tema del que nunca te atreviste.

Puede que descubras la magia de escribir y seguir transformando tu vida. El milagro de perdonar y perdonarte para así conseguir ser tú mismo y acercarte un poco más a ese sentimiento de libertad.

Porque bien es verdad que aunque todos somos libres, el problema radica en que no nos sentimos así.

Espero que te guste mi historia, o que al menos pueda inspirarte para mejorar mínimamente tu vida.

Gracias por acompañarme.

CARTA DE LA AUTORA

Querido lector, si el título de este libro te ha llamado la atención y ha hecho que lo adquieras y lo hayas empezado a leer, estoy segura de que no es algo casual. Quizás es precisamente para que te plantees si en tu vida existe esa palabra mágica que es la Libertad. O a lo mejor ya te lo has planteado muchas veces y aún no sientes que eres libre.

Puede ser que lleves algún tiempo o probablemente toda la vida, pensando que no encajas en este mundo. Que eres y piensas diferente a la mayoría. Que has venido a esta vida para hacer algo más de lo que has estado haciendo hasta ahora y que debido a las reglas que te han impuesto desde niño y lo que te ha marcado la sociedad, tu camino se ha dirigido hacia otro lugar muy distinto.

Quizás estés en una encrucijada y no sabes qué camino tomar. De momento te has quedado parado, sigues viviendo tu vida porque no encuentras la solución. El navegador que marca el rumbo de tu vida te lleva una y otra vez al mismo lugar.

O también puede ser que ya hayas tomado alguna decisión para que ese rumbo cambie y pese a lo duro que ha sido y a lo que te ha costado, sólo encuentres oposición y soledad en tu camino.

No te preocupes ¡Has acertado!

Cuando te sales de lo establecido, estás siguiendo a tu corazón y no te dejas llevar.

Es precisamente tu corazón quien te va a guiar hacia esa mágica y tan ansiada libertad que estás buscando. Sólo si eres capaz de hacerle caso y dejarte guiar por tu intuición. Confía en ella. Aunque parezca que es lo más absurdo e ilógico.

No es fácil, porque nadie te va a apoyar. Te tacharán de loco o de insensato. Vas a dejar de hacer lo que has estado haciendo hasta ahora, para al menos intentar ser feliz.

Sentirás que te equivocas, que te has confundido otra vez. Te plantearás si estás en lo cierto o de verdad llevan razón todos los que te dicen que vas por el camino equivocado.

Te intentarán convencer que lo mejor que puedes hacer es lo que han hecho ellos, pero en el fondo tu no ves que sus resultados les hagan felices. Ellos creen que lo son, pero tú ves ojos de infelicidad, frustración y tristeza.

Sé que es una sensación muy desagradable la de desentonar con todo y con todos, sobre todo al principio y más aún si te estás planteando dar ese paso y no te atreves a hacer eso a lo que llevas tanto tiempo dándole vueltas, porque no eres capaz de mirarlo de frente. No es un camino de rosas ni mucho menos. Bueno si, es un camino de rosas con muchas espinas, pero sin duda con una gran recompensa, que es el de la felicidad y la libertad.

Y no te hablo de la recompensa que es la llegada a la meta. Te hablo del día a día. Cuando sientes que vas consiguiendo pequeños éxitos. Cuando vas viendo los resultados de tus esfuerzos. Cuando miras atrás y te sientes orgulloso de lo que estás consiguiendo a pesar de tus esfuerzos, de tu soledad y la incomprensión sobre todo de los que más quieres.

Una soledad que sin duda también es muy importante para ayudar a valorarte y volver a creer en ti.

Y lo más importante, todo lo que te está ocurriendo o te va a ocurrir es perfecto para el desarrollo de tu alma. Nadie es culpable de nada de lo que te pasa. El único responsable de ello eres y serás siempre tú.

Suena duro decirlo porque así no podemos culpar a nadie ya. Pero también es liberador, porque te das cuenta de que tú eres el único que tiene la llave de la cárcel en la que sientes que estás encerrado.

Pero yo te digo de corazón que si has llegado a este punto y este libro ha caído en tus manos, no es por casualidad, seguramente es por **causa** de sentirte como te sientes. Como si fueras de Marte. No encajas.

Te gustaría hacer las cosas de otra forma y no encuentras la manera.

Me atrevo a decir que quizás tienes una vida "perfecta". No te falta de nada. Pero sólo en apariencia. Probablemente tengas un trabajo, unos hijos, una pareja, un coche, una familia, pero que aún así te sientas vacío por dentro.

Que te levantes cada mañana con la pregunta de que si eso es todo lo que has venido a hacer a este mundo.

Esa era mi gran pregunta durante muchos años, aunque ni yo misma lo sabía. Tenía una gran inquietud. En mi cabeza estaba la idea de insatisfacción constante, pese a que iba haciendo muchas cosas y consiguiendo muchos objetivos.

La pregunta era si esos objetivos me los había marcado yo, o simplemente me había dejado llevar.

Tengo que decir que nadie nunca me obligó a nada. Yo fui tomando mis decisiones en cada momento, pero repito, ahora me planteo si esas decisiones no fueron influenciadas por lo que yo pensaba que tenía que hacer para ir a favor de la corriente de la mayoría y así ser aceptada por todos.

¡No entendía nada! Debía estar orgullosa de mis logros. Había estudiado una carrera, me había casado, tenía un trabajo perfecto, una casa y había tenido dos hijos maravillosos. ¿Qué más puede pedir una mujer?

Cualquiera en mi situación estaría satisfecha y simplemente se dedicaría a vivir cada día como venía, pero yo no estaba dispuesta. Me sentía estancada. El vacío que tenía en mi corazón no se llenaba con las cosas que ya había conseguido. Sentía que existía algo más. Algo que estaba pasando por alto. Pero no sabía qué.

Lo único que tenía claro es que con lo que estaba haciendo hasta ahora y lo que tenía, no conseguía ser feliz. Aparentemente sí, porque no se me notaba. Llevaba tanto tiempo así que me había colocado una máscara que ni yo misma sabía que llevaba puesta.

Esa máscara me protegía. Pero lo que yo no sabía es que esa máscara era la que me estaba matando. Sí, me estaba matando en vida.

No podía ser que yo hubiese venido a este mundo a eso. No me resignaba a que la vida fuese nacer, estudiar, casarse, trabajar, tener hijos y morir. ¿Eso era todo?

Y no digo que con eso no se pueda ser feliz. Si tú te sientes realizado con ello, estupendo. Seguro ese es tu propósito. Disfruta de tu trabajo, de tus hijos o de tu pareja si la tienes. No todo el mundo nace para lo mismo.

Estoy hablando de mí. No conseguía tener ilusión ni ganas de vivir. Me levantaba cada mañana con un sentimiento de resignación y a la vez de impotencia por no poder cambiar eso que estaba viviendo. No sabía qué hacer. Mi corazón estaba encarcelado y no encontraba la llave para liberarlo.

Cuando entras en esta dinámica, no te das cuenta de las consecuencias que ello puede tener para tu propia vida, la de tus hijos y todos lo que te rodean.

Yo me he dado cuenta mucho después de ello, pero lo que más me motivó para cambiar el rumbo de mi vida, fueron precisamente mis hijos. No quería que ellos heredaran una vida de resignación, limitación e infelicidad. Ellos han sido y siguen siendo el motor de mi vida.

Si tú tienes hijos seguro que me entiendes. Ellos son todo para ti y quieres darles lo mejor. Lo que ocurre es que a veces los padres no sabemos qué es lo mejor para ellos.

Pero creemé si te digo que lo mejor para ellos es que tú estés bien. Se lo debes. Tú eres responsable de ellos. Tú les has traído al mundo. No vale lo que tu les digas, sino el ejemplo que les vayas a dar.

Sé que puede sonar fuerte, pero es así. Lo que tú hagas o dejes de hacer pasará a ellos para bien o para mal.

¿Y qué padre o madre no queremos ser un buen ejemplo para nuestros hijos y transmitirles entusiasmo y ganas de vivir?

¿Pero cómo hacerlo si eres tú el primero que aún no has conseguido encontrar ese motivo por el cual levantarte cada mañana con ilusión?

¿Cómo ayudarles a encaminar su vida si ni siquiera tú sabes para donde tienes que ir?

¿Cómo enseñarles a ser felices si tú no lo has logrado?

¿Cómo orientarles en su propósito de vida si tú aún no sabes cuál es el tuyo?

A día de hoy, lo mejor y más maravilloso que tengo en mi vida son mis hijos y mi relación con ellos. El verles felices, sanos, entusiasmados y con ganas de vivir es lo más grande que una madre o un padre pueden experimentar.

Me siento muy orgullosa y satisfecha de ello, porque sé que eso es algo que yo les he transmitido a raíz de empezar mi crecimiento personal.

En este libro voy a contarte cómo yo he ido dando pasitos, a veces grandes y otros pequeños, para acercarme un poco más a ese estado de felicidad que te da la LIBERTAD.

LIBERTAD en el más amplio significado de la palabra.

Sentir Libertad en todas las áreas de mi vida: emocional, espiritual, mental, familiar, sexual, laboral, económica… Todas esas áreas que por un motivo u otro estaban siendo afectadas y en las que no me sentía libre.

Algunas de ellas las sigo trabajando para poder mejorarlas. Pero confío plenamente en los frutos de mi siembra y eso es lo que sigo haciendo: sembrando.

Mi deseo al escribir este libro es ayudarte a encontrar la manera de sentirte un poco más libre de lo que te sientes ahora. Que consigas sentirte más libre sobre todo para pensar y poder tomar tus propias decisiones libremente. Sabiendo que puedes equivocarte, pero que si aciertas, el orgullo por ello será inmenso. Si al leerlo lo consigues, me doy por satisfecha.

Ese es mi propósito. Ayudar a las personas a sentirse más libres. Sobre todo a tantos padres y madres que por el hecho de serlo han dejado de sentir esa libertad. O simplemente nunca la han sentido.

Un gran amigo y maestro me decía a veces una frase que en su momento no entendía, pero que con el tiempo ha ido calando muy hondo en mi: *"Cuanto más libre seas tú, más libre seré yo"*.

Esta frase yo la he aplicado a todas las personas que han formado y forman parte de mi vida: mis hijos, mis padres, hermanos, amigos, compañeros de trabajo…

Cuanto más he colaborado para que ellos se sintieran libres, más libre me iba sintiendo yo.

Con mis hijos aún lo llevo a cabo. Y los resultados están siendo muy satisfactorios.

Con mis enseñanzas y la educación que les estoy inculcando, he logrado que vayan siendo cada vez más independientes, autónomos y se sientan seguros de sí mismos.

Lo que sí te digo es que eso no tendría los resultados que está teniendo si yo antes no hubiera trabajado en mí y hubiera cambiado mi visión de la vida.

Pero eso es algo que te contaré más adelante si decides seguir leyendo.

Estoy segura que sí.

CONOCE A RAQUEL PARÍS

Probablemente te estás preguntando quién es Raquel París. O quizás tienes curiosidad sobre lo que te voy a contar y de donde he sacado la información que aquí plasmo.

Pero para que puedas entender mejor el alcance de lo que te voy a contar, te resumiré un poco mi vida, desde que era una niña, hasta el momento en el que estoy escribiendo este libro, año 2019, con 45 años, divorciada y con dos hijos.

Esa bendecida vida de dificultades es la que precisamente me ha llevado a tomar la decisión de que merece la alegría que te cuente mi experiencia, para que tú puedas guiarte mejor en el camino hacia tu felicidad y más aún si eres padre o madre, para que te sientas más capacitado a la hora de guiarles a ellos.

Vine al mundo en mayo de 1973. Ya tenía un hermano mayor que sólo contaba con 18 meses. A los 4 años de mí, nació mi hermano pequeño.

Por lo que me ha contado mi madre, fue duro para ella sacarnos adelante. Mi padre casi nunca estaba. Tenía un camión y se pasaba las semanas fuera de casa, viajando.

Madrugaba y se iba temprano cuando nosotros aún dormíamos. Algunos de los días que volvía ya estábamos durmiendo y en muchas de las paradas que hacía en casa, ni siquiera nos veía.

Estoy segura de que para mi madre a veces esa misión resultaría muy complicada. Ellos se habían casado y se habían ido a vivir a otro pueblo distinto de donde estaba toda su familia. No contaba con ninguna ayuda.

Criar y educar a 3 niños no es tarea fácil si no tienes a nadie cerca que te pueda echar una mano.

Supongo que cuando te casas y piensas en la idílica idea de formar una familia, crees que todo será más fácil. Que al menos contarás con el apoyo de tu pareja para sacar adelante ese hogar que habéis decidido construir juntos.

Pero cuando te das cuenta que debido al trabajo y a las obligaciones no es como tu habías planeado, los momentos de incertidumbre e impotencia salen a relucir más de vez en cuando de lo que nos gustaría y la tarea de ser padres se complica.

No tenemos la energía suficiente para afrontar los retos que la paternidad conlleva y ello puede hacer que en algunas ocasiones, no estemos en guardia y se nos escapen ciertos detalles importantes que pueden ser cruciales en el futuro de nuestros hijos, como es dedicarles tiempo, atención y darles mucho cariño.

Después de superar mi infancia, me planté en mi adolescencia. A los 16 años conocí al que sería el padre de mis dos hijos.

Llegó a mi vida en un momento en el que no lo esperaba. Me pareció un buen chico. Formal, trabajador y muy buena persona.

Después de 9 años de noviazgo, decidimos casarnos. Tuvimos 2 hijos tras perder una niña de un embarazo avanzado de 6 meses y un aborto de 6 semanas. Parecía que el número 6 se repetía en mi vida como maldición.

Los embarazos de mis dos hijos fueron bastante normales, pero la obsesión que yo tenía por no volver a perder al ser que llevaba dentro de mí, hizo que se me hicieran bastante largos.

Era lo que más quería en este mundo: ser madre. Y ese deseo ya se había truncado dos veces.

Pero ya me tocaba y los dos nacieron sin ninguna dificultad y muy saludables, aunque con muchas prisas ambos de nacer, porque mi hija se adelantó 20 días y con mi hijo tuve que estar un tiempo en reposo al final, porque tenía pequeñas contracciones que podían acabar en parto.

Imagino que como cualquier madre, me sentí muy orgullosa y feliz de tener a sus hijos por fin entre sus brazos.

Cuando me divorcié después de 15 años de matrimonio, fue precisamente por ellos por quién lo hice. Aunque esa decisión fue inconsciente. Nunca me había podido imaginar lo que la relación con mis hijos iba a cambiar a partir de ese momento.

A mejor claro está. A mucho mejor. Una relación que jamás imaginé que podría llegar a tener con ellos. Que jamás pensé que ningún padre pudiera llegar a tener con sus hijos, porque en mi infancia yo no conocí ese grado de compenetración, ayuda, amor y respeto.

No me cabe duda de que las dificultades que vinieron después del divorcio, han ayudado a que esta relación con mis hijos se afianzara tanto como lo ha hecho.

Cuando tomé la decisión de divorciarme, nadie me entendía. Me decían que estaba loca, que no tenía motivos para divorciarme. Que mi marido era un buen hombre y no se merecía eso.

Nunca podrá nadie saber lo que yo sentí en el corazón cuando tuve que tomar esa firme decisión y comunicárselo al que era mi marido.

Sé que para él fue un duro golpe. No se lo esperaba. Me preguntaba: - ¿por qué me odias tanto?

Y yo le contestaba: - ¡No es cierto! ¡Ojalá te odiara!

Estoy segura de que no me hubiera costado tanto dar ese paso si hubiera tenido razones visibles para acabar con mi matrimonio. Pero no las tenía. Me había dejado guiar por mi corazón.

Habíamos vivido muchas cosas juntos durante casi 25 años. Toda una vida compartiendo. Pero cuando yo empecé a darme cuenta de que lo único que compartíamos era un trabajo, dos hijos y una casa, día a día mi infelicidad aumentaba.

No sentía que entre los dos hubiera conexión. El diálogo entre ambos siempre había dejado mucho que desear, y ello iba minando mi vida.

Lo que estaba pasando entonces en mi vida lo he llegado a entender con los años. Yo estaba empezando mi crecimiento personal y la persona con la que llevaba tantos años viviendo no sentía esa necesidad. De seguir juntos, nuestras vidas se hubieran convertido en un infierno.

Cuando dos personas caminan de la mano y llevan distinto ritmo, corren el peligro de caerse. O una frena o la otra acelera. Si no se llega a un acuerdo, lo mejor es soltarse y seguir el camino cada uno a su ritmo.

Y no sólo por el que va más deprisa que verá frenado su avance, sino también por el que necesita ir más despacio, que se verá estresado por no sentir que puede seguir el ritmo de su compañero de viaje.

Ese ha sido mi caso. Sentí la necesidad de soltarme porque tenía la necesidad de avanzar más deprisa y el compañero que había elegido en su momento no estaba dispuesto a seguir mis pasos.

Yo no era quien para obligar a nadie a nada, pero en ese momento no quise que nadie me obligara tampoco a mí a quedarme donde no quería.

Simplemente tomé una decisión llevada por mis ganas de avanzar y guiada en todo momento por mi corazón.

Pero si quieres y te apetece conocer más de mi historia de superación y ver si hay algo que te ayude en tu actual vida, te invito a que sigas leyendo.

Quién sabe si en estas páginas encuentres alguna clave para solucionar alguno de los problemas por los que puedas estar pasando ahora. Bien sea con tus hijos, con tu pareja, con tus padres, hermanos o en tu vida laboral.

CAPÍTULO 1

LIBERTAD CON AMOR

"El verdadero amor no es otra cosa que el deseo inevitable de ayudar al otro para que sea quien es. Mucho más allá de que esa autenticidad sea o no de mi conveniencia. Mucho más allá de que siendo quien eres me elijas o no a mí para continuar juntos el camino"

El camino del Encuentro. Jorge Bucay

Empiezo este capítulo con esta frase de Jorge Bucay porque la oí en un momento de mi vida en el que alguien a quien yo quería se iba de ella y sin embargo me sentía muy feliz.

Me gustó por su profundidad y por lo que eso significaba para mí en ese momento. Ahí entendí lo que es el verdadero amor. Sin apegos, sin rencores. Solamente desde el deseo sincero de que esa persona se iba para encontrar su camino.

Sin saber que era precisamente en ese momento de mi vida, cuando yo me iba a conocer más profundamente. Cuando iba a conectar conmigo misma y con quién era en realidad Raquel. No la que había sido hasta ahora, sino la auténtica y verdadera Raquel.

Con sus defectos, pero también con sus muchas virtudes que aún ni ella misma conocía.

Las iría conociendo con el tiempo. Con las experiencias. Con mis aciertos y con mis muchos errores.

Porque no creas que no me equivoqué. Y seguramente lo seguiré haciendo.

Y tú también. Te equivocarás y aprenderás de ello. Te dolerá o te estará doliendo. Pero no te quepa duda de que estarás recibiendo otra lección que seguro necesitas. Quizás sientas que ese no es el camino a seguir, pero sigue tu intuición.

Si algo he aprendido en esta vida en mis últimos años, y que no quería terminar de aceptar, es cómo una señal a la que das prioridad porque crees que te lleva hacia el sitio correcto, te está encaminando precisamente a cometer un error, un fallo, una equivocación.

Pues tengo que decirte que nada es imperfecto. Ese fallo era necesario en tu vida para que aprendieras algo.

Quizás algo que incluso ya se te había repetido alguna vez más y al cometer ese fallo tú mismo te decías:

- ¡otra vez!

- ¡no puede ser!

- ¡esto ya lo tenía que haber aprendido!

¡Pues no! Si lo hubieras aprendido e integrado no se te repetiría. La vida es muy buena maestra. Y como dice el cantante Melendi en una de sus canciones, si no aprendes la lección, te la repite.

¡Una y otra vez!

Por eso, cuando te ocurra esto, sólo tienes que preguntarte qué es lo que aún no has aprendido de esa lección. Está claro que necesitas volverla a estudiar para presentarte al examen en septiembre o quizás en el curso siguiente. Todo depende de ti.

Quizás sea algo que sigues haciendo de la misma manera. Quizás sea algo que aún no has conseguido perdonar a alguien y tienes que hacerlo, para seguir avanzando en el camino que has elegido.

O a lo mejor es algo que tienes que perdonarte a ti. Algo que hiciste en un momento en el que tu estado de conciencia era de otra manera y percibías las cosas distintas.

Todos hemos hecho algo que si ahora pudiésemos cambiar, lo cambiaríamos. Pero no se puede.

Lo único que podemos hacer es entender que lo que hicimos o nos hicieron, fue para evolucionar. Y si nos ha dolido lo suficiente, estoy segura de que pondremos remedio para que eso no vuelva a sucedernos.

Todo esto desde el corazón. Sintiendo que es lo mejor que nos pudo pasar. Sin culpar a nadie. Ni a ti mismo. Con mucho amor.

Porque ese sentimiento de amor será precisamente el que nos haga sentirnos libres de culpas, miedos, rencores, remordimientos, resentimientos.

No nos mantendrá atados y esclavizados. **El amor sólo nos liberará.**

Esta es la base de todo lo que te voy a contar a continuación. <u>Para sentirte libre tienes que aprender a deshacerte de todos esos malos sentimientos, que se meten en tu mochila y que se hacen muy pesados cuando quieres seguir avanzando en el camino de tu vida.</u>

Espero haber despertado tu curiosidad. Esa era mi intención. Que tengas curiosidad por saber cómo alguien cómo yo, una madre, divorciada y con dos hijos puede conseguir sentirse libre y con una paz interior que día a día contagia a todo el que está a su alrededor. Y no porque lo diga yo. Tengo amigos que a veces me llaman o vienen a verme porque me dicen que cuando se van, sienten que se llevan algo positivo de la conversación.

Que justo lo que hablamos es lo que necesitaban escuchar. Yo lo único que hago es escucharles y transmitirles energía para poder resolver eso que les inquieta en ese momento.

Aunque también me ha pasado que a veces les digo cosas que no les gustan tanto. No es lo que querían escuchar, pero sí lo que necesitaban. Y eso es justo lo que les ha hecho plantearse algo que habían pasado por alto.

Es por cosas como esas que en el momento de escribir este libro, tengo más ganas de vivir que nunca, más ilusión y más entusiasmo.

Quiero contagiarlo a mi entorno. Colaborar para que este mundo sea un poco mejor y sentirme orgullosa porque yo puse mi granito de arena.

Me gustaría compartir contigo mi historia y lo que de cada una de las experiencias de mi vida he aprendido.

Quizás en algunas te sientas identificado o incluso te hayan ocurrido a ti también. Entonces ya sentirás que no estás tú solo. Que somos muchos más los que pasamos por experiencias parecidas y que se pueden superar.

Si no las has superado aún, a lo mejor encuentras la manera de hacerlo. Todos somos uno y eso que yo hice quizás a ti te funcione. Y si no es esa la manera de solucionarlo, seguro que aparece otra más apropiada para ti.

O también puede ser que te ayude a no cometer algunos de los fallos que yo he cometido, y que mi vida sirva de lección para ti.

Si es así, me doy por satisfecha y doy gracias por esa vivencia que me tocó superar.

Y no te preocupes que te lo voy a contar. ¿Me acompañas?

CAPÍTULO 2

TÚ TAMBIÉN PUEDES CONSEGUIRLO

Quizás te estarás preguntando si tú también puedes conseguir eso que otros ya han conseguido. Mi respuesta es sí. Sí rotundo.

Y no te estoy hablando sólo de la libertad, sino de todas aquellas cosas, no solo materiales, que sientes que te gustaría disfrutar de ello a ti también.

La respuesta es que tú puedes conseguirlo, siempre que estés dispuesto a pagar el precio que otros ya han pagado. Y a veces es un precio que te parecerá demasiado caro.

Para conseguir cualquier cosa en tu vida, deberás dar algo. Es como funciona la ley del universo. Primero has de dar, para luego recibir.

Cuando yo di el paso de divorciarme, tenía un trabajo perfecto. Era la contable en la empresa que teníamos mi marido y yo. Pero decidí que era yo la que se iba de la empresa. Tenía claro que lo último que quería era hacerle daño con mi decisión.

Sabía que ya estaba sufriendo porque se sentía abandonado. Me costaba mucho pero yo no podía hacer nada por evitarle ese sufrimiento. Tenía que elegir que en ese momento fuera él quien sufriera por mi decisión, o ser yo la que siguiera sufriendo de por vida.

Para hacerme cambiar de idea utilizó el chantaje emocional, diciéndome que no lo hiciera. Supongo que no sabría que hacer y eso fue lo que primero se le ocurrió para defenderse.

Me decía que antes de hacerlo pensara en mis padres, en nuestros hijos, en él, en sus padres y en toda la familia en general.

Según él, tenía que pensar en todos menos en mi.

¡Llevaba toda la vida pensando en los demás!

¡Jamás había pensado en mí!

Por eso había llegado a esa situación. Satisfacer a todo el mundo e intentar ser aceptada fue lo que me llevó a estar muerta en vida.

Pero como te iba diciendo, al menos no quería perjudicarle económica ni laboralmente. Era el padre de mis hijos y si yo me iba de la empresa, encontraría a alguien para que le llevara la contabilidad. De hecho fui yo la que le sugirió a la persona que después ocupó mi lugar.

Con lo cual, yo me quedé sin trabajo y sin cobrar nada de paro. Al estar casados, cuando me di de alta en la empresa, tuve que hacerme autónoma colaboradora y cuando me fui, no tenía derecho a paro.

Lo único que me quedó fue el dinero que teníamos en la cuenta común del matrimonio, porque decidimos que lo que había en casa sería para mí (muebles, electrodomésticos y demás) y la herramienta y maquinaria que había en la empresa se la quedaba él.

Todos me han dicho después que no hice bien las cosas. Que en la empresa había mucho más invertido que lo que podía haber en una casa.

Yo en ese momento no lo analicé, porque lo único que quería era terminar cuanto antes con aquella situación. Cuando tienes un sentimiento de culpa tan grande como el que yo tenía, un minuto de tu vida allí es una tremenda agonía.

Y digo que me sentía culpable, porque recibía tantos mensajes de crítica que no podía evitar pensar que yo era la que estaba provocando sufrimiento a todo el mundo.

Aunque me llegaron a decir que habían consultado con un médico y les habían dicho que lo que yo tenía era una cosa que se llamaba "Anestesia afectiva".

Cuando les dije que me explicaran lo que era eso, me contaron que eso significaba que yo no sufría por nada, que todo me daba igual.

¡Ay Dios! No me lo podía creer. Un médico había dicho eso. Y como fue en Junio, también les dijeron que era un "venazo" que me había dado con el calor y que cuando llegara el invierno y el frío, recapacitaría y volvería al rebaño.

Cuando alguien quiere encontrar justificación a algo que no entiende, la encuentra, aunque sea tan absurda y disparatada como esa.

Pero eso lo he entendido mucho después. En ese momento todo me parecía una barbaridad y un ataque personal hacia mí. Ahora sé que su reacción fue la más normal del mundo.

Nadie entendía que una mujer a la que no le faltaba de nada, quisiera divorciarse y perderlo todo: Status, dinero, un trabajo cómodo, estabilidad, seguridad... para quedarse prácticamente con las manos en la cabeza.

Mi horario de trabajo era flexible. Si mis hijos se ponían malos les podía atender y llevar al médico. En casa tenía una señora que limpiaba y otra para que me cuidara a los niños cuando yo tenía que trabajar y no había colegio. Tenía un coche a mi disposición y un marido que ayudaba en casa.

¿Qué más podía pedir?

Supongo que para la mentalidad de mis padres, tenía todo lo que ellos habían querido para mí. A la gente le extrañaba porque decían que se nos veía bien. Que éramos el matrimonio perfecto. Nunca nos veían pelearnos.

Pero como suele decirse, mi procesión iba por dentro.

Pues ese fue el precio que yo tuve que pagar. Pasar de la más absoluta comodidad a la más total de las incomodidades. Salté de mi zona de confort. Ahora entiendo lo que eso significa.

Perdí comodidades materiales y también perdí a mi familia, porque no entendían lo que acababa de hacer.

Y como no, aparecieron nuevos retos, a los que me he ido enfrentando.

Dejé de tener señora de la limpieza, tuve que cambiar el coche que me tocó comprar a mi ex porque no estaba incluido en el reparto, para comprarme otro más pequeño y que consumiera menos, y empecé a hacer diferentes trabajos para ganarme la vida.

Entre ellos, cuidar a dos niños que vinieron como caídos del cielo, porque sus padres habían decidido que la señora que les cuidaba no cumplía con las expectativas que ellos esperaban y consideraron que yo, con dos hijos de las mismas edades que los suyos, podría hacer bien el trabajo.

Y digo que vinieron como caídos del cielo, porque no podéis imaginaros lo que esos dos niños me han reportado. Una satisfacción enorme al verles el cambio que dieron al poco tiempo de estar conmigo. Su madre me decía que parecían otros.

Yo consideraba que no hacía gran cosa, pero supongo que sólo ampliaba a dos hijos más mi capacidad de buena madre. Faceta desconocida para mí, porque siempre había pensado que no lo estaba haciendo bien. Incluso que yo no había nacido para ser madre.

Y el universo quiso que me enterara de una vez por todas no con 2, sino con 4 hijos, de que soy una buena madre.

Los niños sólo necesitan unas cosas muy concretas y eso es lo que yo les daba:

* Sentirse protegidos.

* Que se les haga caso.

* Que les hables y cuentes con ellos.

* Que les trates con cariño.

* Que les escuches.

* Hacerles sentir importantes. Que cuentan para ti.

Me costó un poco al principio, porque venían acostumbrados al trato que anteriormente habían recibido de una señora mayor que no sabía hacer otra cosa que la que hacía.

Pero como todo en esta vida, te preparas haciéndolo. Y yo lo hice. Leía libros de ayuda de cómo hacer las cosas un poco mejor con mis hijos. Con consejos para que la labor de madre fuera lo más fácil posible. Para no equivocarme y solucionar lo más pronto posible, problemas que fueran surgiendo. Y ha ido funcionando. Vaya que sí. Sólo hay que ver los resultados.

Me decían que al divorciarme iba a perjudicar mucho a mis hijos y que ellos iban a sufrir las consecuencias. Que mirara los hijos de padres divorciados cómo estaban. La mayoría con problemas de comportamiento y bajo rendimiento en los estudios.

Sólo puedo decir que algo habré hecho bien, o al menos distinto a los padres de esos niños con problemas, porque las notas académicas de mis hijos y sus ansias diarias por aprender y superarse no pueden ser mayores.

Por no hablar de su energía, entusiasmo y ganas de vivir. Eso es lo que actualmente vibra en nuestro hogar.

Y digo que algo habré hecho bien yo, porque aunque los niños se han seguido yendo con su padre, el tiempo es mucho menos que lo que pasan conmigo. Cuatro días al mes con él, frente a 26 días conmigo. Por lo que la responsabilidad de su educación está siendo en mayor parte mía.

Pero si me sigues, te puedo ir contando más cosas que he ido consiguiendo, pagando el precio.

Un precio que es insignificante después de ver los resultados.

CAPÍTULO 3

LA VERDAD COMO HERRAMIENTA PARA LIBERARTE

Llegados a este punto de mi historia, tengo que contaros algo que no resulta fácil para mí, pero que es necesario porque de lo contrario sentiría que os estoy traicionando. No me sería fiel a lo que este libro pretende. Que es contaros toda la verdad, para que con las consecuencias sepáis, que nada es gratis en este universo.

Todo lo que das se te devuelve multiplicado y hasta que no lo superas, como te he dicho antes, se repite y se repite.

Si hay algo que sin duda pudiera cambiar en el proceso de mi divorcio es la forma en la que lo hice.

No tuve el valor ni la fuerza suficiente para dar el paso sin más, de romper mi matrimonio porque éste no era lo que yo quería. Ya no existía compenetración, ni comunicación. Hablábamos de las cosas cotidianas del día a día, pero nunca de sentimientos y emociones profundas. Algo necesario para la convivencia en una pareja. Y si tiene hijos, mucho más.

Se había convertido en una relación de dependencia. Supongo que miedo a la soledad y a defraudar a los demás fueron los motivos de que esa relación se mantuviera. Cuando conocí a mi marido estaba tan falta de amor y tenía tan poca autoestima, que me quedé con la primera persona que me hizo un poco de caso. Se fijó en mí y me hizo sentir especial. Me trataba bien.

Al principio puede parecer fascinante, pero con el tiempo, la relación se va deteriorando porque no hay la conexión necesaria para llevar esa relación al éxito.

Nuestras creencias y lo que nos han inculcado desde pequeños, es que tenemos que casarnos con un hombre o mujer buena y trabajadora.

Y que ese matrimonio ha de ser para siempre. Recuerdo una frase que mi padre me dijo cuando solté en casa, con 16 años, que estaba saliendo con un chico:

¡Tú sabrás! ¡La cuchara que cojas será con la que tengas que comer!

No dudo que fuera con la mejor de las intenciones. Estoy segura que siempre ha querido lo mejor para sus hijos, pero no hablaba él. Hablaban sus creencias y sus miedos. Supongo que temía que su hija sufriera. Aunque lo que yo también interpreté en ese momento es que no podía rectificar si me equivocaba.

Era una gran responsabilidad para mí. No podía fallar. Tenía que acertar a la primera.

Todo esto son cosas que yo misma me impuse. Nadie me las dijo de forma directa. Pero agarré esa carga y la hice mía.

El día a día en un matrimonio con hijos no es fácil. Saca lo peor de ti cuando no hay complicidad. Cuando vives acoplado y a lo que crees que tiene que ser. Cuando no te sientes apoyado por tu pareja en la forma de educar a tus hijos, porque vas viendo con los retos de cada día que no compartís los mismos valores para esa difícil tarea.

Ambos tenéis una visión distinta en el cómo.

Piensas que no puedes hacer nada porque si lo haces es como si tirases una bomba. Durante los 15 años que duró mi matrimonio eso fue exactamente lo que yo pensaba. Que si daba el paso de divorciarme, se iba a desatar la tercera guerra mundial.

Y con ese miedo, volvía a esconder la cabeza y seguía mi día a día, resignada a lo que no era capaz de resolver.

Alguna vez le he dicho a alguien que incluso antes de casarme, supe que no era el hombre que mi alma soñaba. Que no sería el compañero de viaje que yo necesitaba, y a pesar de que aún no me había casado, ya no vi como pararlo. Pero es lo que ocurre cuando eliges a una pareja por los motivos equivocados.

Si hubiera sido valiente, no habría llegado a casarme, pero no lo fui. Me casé.

Claro que después he aprendido que lo que pasó fue perfectamente imperfecto, tanto para él como para mí. Sé que él no lo admitirá nunca, o quizás no lo sienta así. Pero lo mejor que le pudo pasar es que yo fuera la que diera el paso para no continuar juntos.

Nunca he querido hacerle daño conscientemente. Le quise mucho y me dio dos hijos maravillosos. Durante 15 años vivimos momentos de todo tipo. Buenos y malos. Pero cada uno fueron necesarios para convertirnos en las personas que ahora somos. Tanto él, como yo.

Yo me liberé, pero a él también lo liberé. Por lo que he sabido de su vida después, ha hecho, está haciendo y consiguiendo cosas que no hubiera conseguido de seguir juntos.

Sé que está luchando mucho y que no le está resultando nada fácil, pero yo en su lugar me sentiría orgulloso de lo que ha conseguido por él mismo. Ya no depende de nadie. Ya es independiente. Cuando estaba conmigo no lo era. Y yo tampoco.

En el momento de juntarnos, ambos nos necesitábamos para avanzar en nuestro camino. Yo le necesitaba a él para una cosa y él me necesitaba a mí para otra. Supongo que para eso terminamos juntos.

Ambos fuimos partes de la escalera que estábamos subiendo. Al principio empezamos a subirla juntos, pero sin duda, esa escalera tenía que dividirse para llevarnos a destinos muy diferentes.

Yo le estoy profundamente agradecida por formar parte de mi camino.

Sin darnos cuenta, al continuar juntos nos estábamos limitando. No éramos las personas que realmente queríamos ser. Sí las que los demás esperaban. Un matrimonio perfecto con una vida aparentemente perfecta.

Al empezar el 2013 conocí a un hombre por internet. Nos separaban 600 kms de distancia. Empezamos a hablar y aquello se convirtió en una relación de necesidad para mí. Algo de aire que me ayudaba día a día para no asfixiarme en la vida que yo misma había construido.

 Nunca llegamos a vernos. Hablábamos por teléfono y nos comunicábamos por videoconferencia.

Yo sentí que por fin había vuelto el color a mi vida. Tenía ilusión, energía, ganas de vivir. Y no porque él me hubiera ofrecido un futuro en común ni mucho menos. Era un hombre casado también y con dos hijos.

Me contaba que su matrimonio no iba bien. Ambos nos consolábamos e hicimos de esa relación una barca. Barca que estaba avocada a naufragar sin duda. Algo que empieza con una base en arenas movedizas, no puede sostenerse mucho tiempo. Aquello era un espejismo en mi desierto.

Pero a pesar de eso, yo me hice mi castillo con naipes porque necesitaba algo, aunque fuera tan irreal e inestable como eso, para que me impulsara a dar el salto.

Algo ficticio y muy tóxico, pero a lo que yo me agarraba.

Y no disculpo ni mucho menos mi actitud. Repito que no estoy orgullosa de ello. Pero quiero admitirlo y contarlo por fin.

Unos meses antes había empezado terapia con un fisioterapeuta por problemas en mi espalda. También ejercía un poco de psicólogo y en una de las sesiones, no se por qué, decidí contárselo.

Bueno, supongo que si lo sabía. Mi inconsciente necesitaba un buen tirón de orejas y él me lo dio. Salí de la consulta super descoloca.

Como buen profesional, lejos de aplaudirme, me aconsejó que hablara el problema con mi marido.

Seguir ocultando algo así y no enfrentarme a la realidad, no era la solución.

Por fin me había dado cuenta de la locura que había estado a punto de cometer. Incluso teníamos planes de vernos un día cuando él viniera a Madrid en uno de sus viajes de trabajo. Creo que no habría podido llevarlo a cabo, pero el hecho de sólo pensar en ser infiel a mi marido y continuar después con mi vida como si nada, me hizo entender que aquello no podía continuar así.

Yo no quería eso. Yo no era así. No sabía qué me había llevado a hacer eso. Nunca le había sido infiel a mi marido. Y aunque con ese hombre con el que había contactado no lo fui físicamente, en el fondo yo sentía que lo había sido. Aunque fuera mentalmente.

Cuando lo pienso, ni siquiera creo que fuera yo. Me parecía estar poseída por otra persona. ¿Qué me estaba pasando? Aquello era como una droga para mi. Necesitaba hablar con él, que me dijera lo especial que era. En definitiva, que me regalara los oídos aunque fuera con mentiras, para yo estar mejor.

Y así fue como se lo planteé a mi marido una nochè. Le dije que había conocido a otro hombre y que me había planteado serle infiel. Lo que me había llevado a la conclusión de que nuestro matrimonio no funcionaba bien y que la única solución que veía era el divorcio.

A él le cayó como un jarro de agua fría. No se lo esperaba. Los últimos meses me había visto mejor que nunca, pero no se imaginaba ni mucho menos de donde me venía la energía.

Lo que yo pensaba que era esa burbuja de oxígeno que me ayudaba a seguir respirando, se convirtió en la soga en mi cuello que me estaba ahogando. Continuar con aquella relación ficticia era asfixiarme poco a poco. Lejos de subirme la autoestima, me la estaba bajando cada vez más. Volvía a depender de un hombre y encima me sentía culpable por lo que estaba pasando.

Pero supongo que ni yo misma entendía cuales eran los motivos para acabar con mi matrimonio y tuve que buscar uno que mi mente entendiera, como era la existencia de otro hombre.

Si te cuento todo esto que es tan duro para mi, es porque quiero que veas que no hace falta que aparezca nadie más en tu vida, para tomar una decisión como la que yo tomé.

Incluso en alguna ocasión, para no tener que enfrentarme a algo que era inevitable, deseé que en uno de los viajes que mi ex marido hacía para hacer cursos de formación de su trabajo, me fuera infiel. Sí. Como lo oyes. Hubiera sido todo más fácil. Tendría la excusa perfecta para divorciarme. Todos me apoyarían y sería la pobrecita víctima a la que han hecho daño. Pero no fue así. Me tocó actuar a mí y quien se convirtió en la víctima fue él.

Lo que quiero decirte es que aunque sea difícil y duro dar el paso, si al final ves que es la única salida, al menos lo hagas bien.

¡Enfréntate a la verdad! ¡ Hazte responsable!

¡¡Coge el toro por los cuernos!! ¡¡Habla con tu pareja!! ¡¡Intenta arreglar lo que no funcione!! ¡¡Buscad ayuda!!

Y si después de todo eso aun así no tiene solución, disolved el matrimonio con todo el amor del mundo. Por el bien de los dos y de tus hijos si los tienes.

Porque de lo contrario, la culpa de no haberlo hecho bien, te perseguirá.

Como ya os he dicho, lo que hacemos los padres, se transmite a los hijos para bien o para mal. Y aunque estas cosas no se saben, el inconsciente de tus hijos lo siente. Sienten ese peso y si no lo limpias, ellos lo heredarán, igual que tú a lo mejor puedas haber heredado otras historias de tus padres o abuelos, que ellos en su momento no supieron trascender.

Las mentiras y los secretos no se desvanecen. Van pasando y pesando a los descendientes.

Si estás a tiempo no lo hagas mal. No esperes a que aparezca otra persona. Y si ya es tarde, busca la manera de que ese secreto no pase de generación en generación. Corta la cadena.

Si al leer estas palabras algo dentro de ti se revuelve, a lo mejor te toca hacer algo. Libera a tus hijos con la verdad. Bien sea en temas económicos, amorosos o lo que creas que les puede dañar.

Para ser buenos padres, hemos de inculcar buenos valores a nuestros hijos y la verdad es uno de ellos.

De lo contrario, esa mentira o secreto te perseguirá de por vida. ¿Estás dispuesto?

Pues si la respuesta es no, sigue conmigo y te cuento mi experiencia.

Día 25 de Enero

Hoy me he levantado más ligera. No puedo expresar con palabras como me siento. Al embarcarme en este nuevo proyecto tan importante para mí como es el escribir mi libro, jamás podía imaginarme las bendiciones que tendría.

Siempre había existido en mi la inquietud de escribir. De hecho desde niña ya tenía mi propio diario en el que escribía todos los días lo que me ocurría o cómo me sentía. Supongo que era mi forma de liberarme, porque no encontraba otra forma de hacerlo.

En alguno de los muchos libros que he leído de crecimiento personal, decía que escribir lo que nos ocurría y cómo nos sentíamos, sobre todo cuando había dolor y sufrimiento, hacía que ese dolor se fuese disolviendo.

Yo lo he hecho muchas veces, sobre todo a raíz de divorciarme, pero es en este momento de mi vida donde eso cala hondo en mi. Escribir este libro no está siendo nada fácil, pero está sanando mí alma.

Al hacerlo siento que las piezas del puzzle empiezan a encajar. Que todo lo que siempre ha estado ocurriendo en mi vida y que no entendía el motivo, eran piezas necesarias para que la imagen final que ese puzzle pretende mostrar, sea perfecta.

Con una belleza impecable y unos resultados deslumbrantes.

Claro que hasta llegar hasta este resultado, yo misma he tenido que ir encontrando esas piezas. La mayoría de las veces ni siquiera he sabido que lo que había vivido, incluso con dolor y sufrimiento, era una de esas piezas necesarias para construir mi puzzle final.

Quizás este libro sea otra más de esas piezas.

Gracias a todo lo que se está removiendo en esta etapa de mi camino, ayer entendí, después de una fuerte conversación potente y sincera con mi madre, el motivo por el que yo me embarqué en el mundo del crecimiento personal.

Supongo que fue algo inconsciente. Ni yo misma sabía el motivo.

Pero mi alma es sabia y el universo me proporcionó a las personas y a las situaciones perfectas para que ello pudiese llevarlo a cabo.

Es lo que en mi libro digo de que si los padres no estamos bien, no podemos ayudar a nuestros hijos a desarrollarse, crecer y evolucionar. Es decir, no les podemos ayudar a encontrar su propia felicidad.

A pesar de la situación económica que yo tenía después del divorcio, me apuntaba a cursos y me pagaba terapias para buscar estar mejor conmigo misma.

Hice lo que quería hacer pero no terminaba de encontrarme bien. Todas me iban aportando algo. De todas aprendía e iba descubriendo los secretos de mi propia evolución.

Aunque no me daba cuenta de la repercusión que eso tendría en mis hijos. Poco a poco me fui haciendo con unas herramientas que no te las dan en el hospital cuando te dan a tu hijo para llevártelo a tu casa.

He cometido fallos. Pero he ido aprendiendo de cada uno de ellos.

Por lo que doy las gracias de corazón a todas las personas que han aparecido en mi vida. Cada una de ellas ha sido necesaria. He tenido muchos maestros, pero el más importante llegó a mi vida en el momento justo para quedarse como pareja durante cuatro años, justo después del divorcio.

Tiempo en el que me ayudó a llevar mi labor de madre, de una manera totalmente distinta a como lo estaba haciendo hasta ese momento.

Hoy por fin entiendo para qué apareció en mi vida. Me ayudó a valorarme, a respetarme y a que mi autoestima por fin hiciera acto de aparición. Gracias infinitas.

Mi estado actual de entusiasmo está motivado por querer seguir avanzando y creciendo para seguir con mi labor de guía para mis hijos. Ellos son la fuente de mi inspiración. El motor de mi vida. Ellos son los que me hacen querer ser mejor persona y aprender cada día más.

¡Gracias por el milagro concedido de ser madre!

CAPÍTULO 4

EL FINAL DE UNA ETAPA EN PAREJA

El día que yo le dije a mi marido que existía otra persona, no le desvelé su identidad y él pensó que era el terapeuta que me había empezado a tratar unos meses antes.

Al día siguiente y después de una noche que no quiero ni recordar, le dije de quién se trataba. A partir de ese día no fue fácil la convivencia.

Después de hablar de ello y viendo las consecuencias que se iban desatando de mi conversación, me fui llenando de dudas. No sabía si lo que estaba haciendo era una locura a lo que había llegado, o si de verdad era lo que anhelaba mi alma. Intenté que volviera a funcionar.

Mi marido me dijo que yo tenía un problema y que sería conveniente que visitara a un psicólogo.

Él estaba dispuesto a perdonarme porque consideraba que no había habido infidelidad. Al fin y al cabo no había llegado a quedar nunca con ese hombre y nunca hubo contacto físico. Aunque yo igualmente me sentí infiel.

Si yo hubiese estado en el lugar de mi ex marido, me hubiese sentido traicionada. El cauce que había tomado mi matrimonio no justificaba para nada la forma en la que yo quería acabar con él.

Le contesté que lo más conveniente era que buscáramos un psicólogo de pareja para ir a terapia los dos. Así lo hicimos durante dos meses.

La terapeuta nos aconsejó que nos diésemos un tiempo y que observáramos lo que ocurría.

Y lo que ocurrió fue que al cabo de dos meses, yo me terminé de convencer de que mi primera decisión era la acertada y que seguir con mi matrimonio era intentar hacer felices a todos los que me rodeaban, pero yo seguiría siendo infeliz, porque no era lo que realmente quería hacer. Ya no pude más.

Le comuniqué que había decidido no seguir con nuestra vida en común. Me estaba obligando a hacer algo. Algo que no quería y sobre todo que no podía.

Seguir con mi matrimonio era serme infiel a mí misma.

Antes de decir nada a los niños, porque aun no habían terminado el cole, fui a hablar con mis padres y les conté que nos íbamos a divorciar.

Les dije que ya no podía más. Que lo único que teníamos en común mi marido y yo en ese momento, eran dos hijos, una casa y un trabajo.

No se lo podían creer. Nos veían bien. Aparentemente éramos un matrimonio modelo. Pero eso sólo de cara al escaparate. A lo mejor para mi ex marido, todo estaba bien. Se conformaba porque decía que era lo que había. Estaba resignado. Le habría gustado tener otro tipo de mujer, pero al fin y al cabo era la que le había tocado.

Estoy convencida de que él nunca hubiera dado el paso de divorciarse. Las cosas hubieran sido muy distintas.

La casa donde vivíamos era de mis padres y la nave donde tenía su negocio también. Al seguir casado conmigo tenía una estabilidad y una seguridad. El coste era la resignación de no sentir que tu pareja es la mujer de tu vida.

La primera reacción de mis padres, después de su lógica confusión, fue de comprensión. No les conté del todo la verdad, porque consideré que era algo que tenía que quedar entre mi marido y yo. A él le había contado todo, y no creí que contárselo a mis padres les hiciera ningún bien. Al contrario, les haría un daño gratuito. Prefería que los problemas nuestros se quedaran entre nosotros.

Pero al día siguiente mi marido se fue a hablar con mis padres. Yo no sabía lo que les había dicho, pero lo averigüé rápido cuando al ver a mi madre, ella me dijo que mi padre y ella querían hablar conmigo. Su tono de reproche y enfado desvelaba que no les había gustado lo que habían oído.

Probablemente y viendo esa su única salida, al ver que su vida se le derrumbaba, les contó lo del hombre que había conocido y que por ese motivo me divorciaba.

Realmente fue a raíz de conocer a ese hombre cuando tomé la decisión, pero no por lo que ocurrió con él, sino porque me hizo ver en el punto que realmente estaba mi matrimonio. Es decir, muerto. Aunque no lo había querido ver antes, porque si lo veía tendría que hacer algo y presentía que iba a ser difícil, como ahora estaba comprobando.

En una ocasión, poco tiempo después, mi ex marido me reconoció que se había equivocado contándoles a mis padres algo que debía haberse quedado entre los dos, pero que ya no podía dar marcha atrás.

Actuó como un animal que se ve atacado y la única defensa que tiene es morder.

Supongo que mis padres se sintieron decepcionados. Su perfecta hija había hecho algo que ellos nunca habían imaginado que haría.

A partir de ese día, la versión de los hechos de mis padres es que su hija se divorció porque había conocido a un hombre casado, se había vuelto loca y había decidido romper con todo.

¿Qué pasaría ahora?

Pues lo que ocurrió es que mis padres se volcaron con mi ex marido. Lo apoyaron en todo momento a partir de entonces, y quiero entender que para intentar que yo recapacitara y revocara mi firme decisión. Me lo empezaron a poner muy difícil en todos los sentidos.

Jamás me he sentido tan sóla. Nadie me entendía. Me decían que me había metido en un secta para llegar hasta ese punto. Tampoco me ayudaron a que económicamente después del divorcio me quedara muy bien. Me aparté de ellos porque cada vez que les tenía cerca me sentía muy dañada. Sus palabras eran como cuchillos que se clavaban en mi espalda.

Mi única manera de protegerme fue alejándome de ellos en la medida que podía. Pero también de eso me acusaron.

Sentía como una cuerda en mi cuello que se iba apretando cada vez más y más. Tuve momentos de flaqueza en los que pensé que la única solución era terminar con mi vida. Al fin y al cabo a nadie le importaría. Lo único que me detuvo fue pensar en mis hijos. Ellos fueron los que me dieron la fuerza necesaria para seguir y los que a día de hoy me la siguen dando.

Podría decir que soy yo la que les debo la vida a ellos, y no ellos a mí.

A todo esto, mi ex marido decidió que por mi bien no iba a decir nada del hombre que había conocido por internet. Sólo lo sabían mis padres y él. A sus padres y a los demás pensó que era mejor contarles, o al menos eso me dijo, que el terapeuta al que había empezado a ir me había metido un montón de cosas en la cabeza y que por eso había decidido divorciarme.

Quiso el destino que las cosas se complicaran un poco más cuando al mes y medio, un día que había quedado con mi terapeuta para comer, el cual ya se había convertido en amigo, por las largas conversaciones entre ambos a raíz de mi divorcio, y algo que no puedo explicar, ocurrió entre los dos.

Él y mi amiga del alma eran los únicos con los que podía hablar y contarles cómo me sentía. Con ellos era con quien lloraba y me desahogaba.

A los más cercanos a mí, no les podía decir y explicar cómo me sentía, porque me hubieran dicho que me lo había buscado yo.

En los divorcios, para el dejado es muy difícil por unos motivos, pero para el que deja lo es tanto o más por motivos diferentes. Te invade el sentimiento de culpa, lástima y pena por la persona a la que dejas, sobre todo si como en mi caso, era un hombre bueno.

También te invade el sentimiento de culpa porque piensas o te hacen pensar que lo mejor para tus hijos es que sigas casado. Y nada más lejos de la realidad. Lo mejor que puedes hacer por tus hijos es serte fiel a ti mismo y no continuar actuando para que algo que no funciona, lo parezca.

Día 26 de Enero

Cuando he escuchado en más de una ocasión eso de que si quieres conseguir algo en la vida, tienes que obsesionarte con ello y trabajar para conseguirlo, pero a la vez desapegarte del resultado, creía que lo había entendido.

No era así. Es ahora, escribiendo este libro cuando esa idea la estoy integrando dentro de mí.

Es muy importante para mí que mi libro llegue a ver la luz y sea leído por mucha gente. No por lo que cuento, sino por lo que puede ayudar. Pero el camino que estoy recorriendo para hacer que eso sea posible está siendo tan gratificante y me está reportando tanto, que podría decir que me da igual el resultado final.

Ya estoy disfrutando del camino. Soy feliz en él. Sin necesidad de llegar a la meta.

Lo que ocurre cada día es mágico y maravilloso.

Sí es verdad que están apareciendo retos y dificultades día sí, día también, pero que la satisfacción de irlos superando, mitiga el dolor y la preocupación.

El universo ha querido que todo se ponga de mi parte para poder dar a luz otra vez más. Esta vez en forma de libro.

El embarazo ahora ha sido un poco más largo. Han tenido que pasar casi 46 años para que esté a punto de ver la cara a otro de mis hijos. Periodo necesario para que ello fuera posible.

Y como no podía ser de otra forma, al igual que con mis otros dos hijos, ya antes de nacer estoy aprendiendo de él.

Mis hijos han sido siempre y siguen siendo mis mayores maestros. Los que más me han enseñado y los que me han guiado en este camino.

Me siento dichosa y tremendamente agradecida por ello.

Sigo aprendiendo cada día en esta escuela de la vida, aprovechando cada instante para enriquecer mi alma.

Los milagros existen y escribir este libro es uno de ellos.

GRACIAS GRACIAS GRACIAS   

CAPÍTULO 5

LO QUE NIEGAS TE PERSIGUE

Pero una vez más agradezco todos esos desafíos que la vida me puso por medio. Porque sin duda, sin ellos hoy no sería la mujer que soy.

Sin todos los desafíos que ese divorcio trajo consigo, no habría sabido el poder que había dentro de mi. No me hubiera molestado en buscar y trabajar muchos aspectos que no me gustaban. No habría hecho nada por mejorar la versión que conocía de Raquel.

Y la versión que ahora conozco es mucho mejor, más completa, íntegra, fuerte y con mucha más autoestima que la versión anterior. He sido capaz de hacer cosas que jamás me hubiera imaginado.

Bendito divorcio y lo que ello trajo consigo. Me dio la oportunidad de conocerme a mí misma.

Como ya te adelantaba, uno de los primeros fines de semana que mis hijos se fueron con su padre, quedé a comer con mi amigo terapeuta. No sabía lo que estaba a punto de ocurrir. Fue como magia. Sentí algo que nunca antes había sentido. No sabía lo que era pero en ese instante se que no hubo mente. Solo alma y corazón.

A partir de ese día, comenzamos una relación, pero sólo con pensar en lo que podría pasar cuando eso se supiera, me daba miedo.

Todos pensarían que el verdadero motivo de mi divorcio era que ya había algo entre mi terapeuta y yo. Nada más lejos de la verdad.

Y con el miedo de que eso pudiera pasar, lo ocultamos durante un tiempo. Pero al final todo se sabe y algo así no podíamos mantenerlo en secreto.

Lo que pensábamos que pasaría, fue exactamente lo que pasó.

Ya no era alguien virtual al que echarle las culpas. Ya tenían a alguien real al que cargarle la losa. Era más entendible, y supongo que necesitaron que ocurriera eso para entender que yo rompiera un matrimonio que para ellos era perfecto.

Pensaron que lo que les había contado del hombre de internet era un tapadera para ocultar el verdadero motivo. Ellos ya se habían creado su película y daba igual lo que les dijese. ¡No me creían!

Puede parecer una historia de película, pero como dicen, a veces la realidad supera la ficción.

Cuando alguien me preguntaba que si el verdadero motivo de mi divorcio era otro hombre, yo lo negaba rotundamente, aunque eso no era del todo cierto.

Para no destapar mi virtual infidelidad, nunca dije nada a nadie que en realidad si había aparecido otro hombre.

Como ya os he contado, había necesitado que ese hombre apareciera para empujarme a dar el paso que no había tenido valor para dar por mí misma. Sin necesidad de que eso tuviera que ocurrir.

Alguna vez he oído que las personas aparecen en nuestras vidas para cumplir una determinada misión, y una vez que esa misión se ha cumplido, desaparecen de ella.

Y por ese motivo, de igual manera que vino, ese personaje de mi película, se fue.

Empezaron a hablar mal del hombre con el que ahora sí tenía una relación real. Alguien que lo único que hizo fue amarme y quererme como nadie lo hizo nunca hasta ese momento. Él me ayudó a amarme y a quererme a mí misma. A encontrar mi autoestima. Hasta entonces muy enterrada.

Él fue quien me ayudó a ver lo que estaba pasando con el hombre que había conocido en Internet y a entender que lejos de hacerme sentir bien, lo único que hacía era utilizarme para hacer que su vida fuera un poco menos aburrida. Aunque era justo como la mía. Supongo que ambos nos utilizámos.

Mi nueva pareja hizo que por fin viera la realidad de esa persona tóxica a la que me había enganchado, y lo único que él estaba recibiendo ahora de los míos a cambio, eran críticas y comentarios falsos. Todas mentiras fundadas en la necesidad de creer su propia historia.

Le culparon de muchas cosas, pero de lo único que es culpable es de que yo al fin empezara a tener la autoestima que nunca tuve.

Al escribir estas líneas siento que estoy limpiando todo aquello que se dijo de él.

En cierto modo a mí también me convenía que pensaran que el responsable de la ruptura de mi matrimonio era mi terapeuta, para no tener que contar la verdadera historia, por la que me sentía tan avergonzada.

Historia que al no contar, me ha estado persiguiendo durante todo este tiempo. Dejé que alguien inocente cargara con la culpa, por no hacerme responsable de mis actos.

Sin duda he aprendido mucho en esta etapa. He crecido y me he liberado de sentimientos de culpa.

Como ya he dicho no podemos cambiar lo que hicimos, pero sí aprender de ello para cambiarlo cuando algo parecido vuelva a ocurrir.

Y yo he aprendido que nadie ha sido culpable de lo que me ha pasado. Y que yo no he sido culpable de lo que le ha pasado a nadie. Todo ha sido perfecto para que cada uno de nosotros aprendiera la lección y nos hiciéramos responsables de nuestras vidas y de nuestros actos.

Para aprender que toda acción tiene su reacción. Que nada queda impune en esta vida. Que lo que siembras es lo que recoges. Y si siembras vientos, sólo recoges tempestades.

Todos los actores de esta historia, hemos recibido una lección. La cuestión es quién la ha aprendido y quién no.

Ya sabes que si no la aprendes, te toca repetirla.

Esa relación que empezó después de mi divorcio, duró 4 años. Hubo momentos muy dulces y maravillosos y otros muy duros y amargos.

Pero sin duda esa persona que apareció en mi vida en el momento justo, lo hizo también para cumplir una misión. Sé que no fue casualidad. El destino la puso allí para algo en concreto.

Todo acabó con el mismo amor con el que empezó. Ambos aprendimos mucho. Nos aportamos muchas cosas. Crecimos. Maduramos. Pero en nuestro camino de vida ya no podíamos continuar juntos.

Para seguir creciendo, elegimos un sendero distinto que nos llevaba a metas muy diferentes. Intentar continuar aquello, nos haría mucho daño a los dos.

Necesitábamos sentirnos libres y esa elección fue la mejor. Con el tiempo nos hemos vuelto a ver y hay un profundo cariño entre ambos. Nos quedó un buen recuerdo de todo aquello y un gran aprendizaje.

Por lo tanto, te estoy dando otra clave para encontrar el camino hacia la codiciada libertad que estás buscando.

Por mucho amor que haya en una pareja, si ambos no tienen la misma visión de futuro y el mismo concepto de cómo vivir una vida juntos, seguir apegados a esa pareja, lo único que nos dará será sentimientos de falta de libertad.

Podemos intentar mejorar ciertos aspectos de nuestro comportamiento o personalidad. De nada sirve querer que la otra persona cambie. Eso nunca funcionará.

Y si al final no puede ser, lo mejor es darnos libertad mutua para que cada uno siga su camino. De lo contrario viviremos unas vidas de limitación que no nos dejarán ser felices y mucho menos sentirnos libres.

Día 27 de enero

Otro día más me doy cuenta lo que este libro está transformando mi vida. Sigo adquiriendo hábitos y habilidades que me hacen sentirme mucho mejor.

También me voy dando cuenta, gracias a la multitud de espejos que han aparecido en esta parte del camino que ahora estoy recorriendo, que llegar hasta aquí ha sido una transformación personal necesaria.

No se puede plasmar en unas pocas páginas algo que quieres transmitir al mundo para que sea mejor, abundante, amoroso y libre, si tu no lo haces desde la plena libertad y el amor incondicional.

Y nadie podrá jamás sentirse libre, si su corazón aún está cargado con sentimientos de odio y rencor hacia personas o situaciones ocurridas en su pasado.

Esas situaciones y personas aparecieron para transformarte. Sólo que el universo es sabio y las ha puesto en tu camino precisamente para eso. Para que tú aprendas de ellas y acabes con la maldición.

Por muy doloroso que resulte. Por mucho daño que ello te haga, agradece lo que te está pasando.

Hace unos años oí eso y conseguí entender que entonces no tenemos por qué preocuparnos cuando algo malo nos ocurre.

Me decía a mí misma que si esto lo supiera todo el mundo, no habría sufrimiento.

¿Por qué preocuparte y sufrir por algo que está pasando, si sabes de antemano que eso es precisamente lo que necesitas para crecer y aprender?

¡Es tan simple y tan sencillo!

No es un secreto escondido al que nadie tiene acceso.

Pero es precisamente las cosas más sencillas las que nos cuesta más ver. Las que están encima de la mesa. Al alcance de nuestras manos y delante de nuestros ojos.

Sólo hay que dejarse llevar. No tengas miedo a equivocarte. Te equivocarás si no haces nada, porque siempre te arrepentirás de no haberlo hecho.

En una ocasión mi hija me emocionó mucho con unas palabras que me llegaron al alma.

Siempre mis hijos han sido mis grandes maestros y lo siguen siendo. Aprendo de ellos cada día. Nos enseñamos mutuamente.

Pero esto sólo ocurre cuando eres humilde y reconoces que incluso un bebé puede enseñarte algo. Todos somos maestros y todos somos alumnos.

El problema es cuando el orgullo no nos deja reconocerlo. Es en ese momento cuando perdemos las mejores de las enseñanzas.

Pues como te decía, en una ocasión durante el periodo posterior a mi divorcio y viendo las difíciles situaciones que estaban ocurriendo y cómo yo lo estaba pasando, mi hija me dijo que ella sentía mucho todo lo que yo había vivido y lo que ahora me estaba sucediendo, pero que gracias a eso, ella tenía la madre que tenía.

Se sentía contenta. Me decía que las madres de sus amigas no eran como yo.

Una madre con la que tenía plena confianza para hablar de cualquier cosa. Que le decía lo que necesitaba oír en cada momento. No lo que a ella le gustaba.

Su madre no era la misma antes y después del divorcio. Y ella lo sabía. Lo estaba viendo y comprobando.

Es por estos capítulos que han ido transcurriendo en mi andadura, que el sentimiento de culpa por divorciarme y romper lo que para todo el mundo es una situación idílica y perfecta para educar a unos hijos, se ha ido disolviendo   .

La única situación perfecta para la mejor educación de unos hijos es que las personas que educan, lo hagan desde la conciencia y la plena responsabilidad.

Y eso no entiende de estado civil, de status, situación económica, nacionalidad o sexo.

Fue entonces cuando a raíz de esas palabras de mi hija me empoderé aun más y le di la bienvenida a lo que pudiese venir.

Resumiendo, y después de toda esta reflexión que hoy se ha despertado conmigo, he llegado a la conclusión de que si yo no me hubiera transformado, este proyecto del libro no estaría siendo posible.

Tengo la firme convicción de que este libro es otro de los escalones de mi vida y que seguro me impulsará a otra cosa aun mayor.

Por lo tanto y siguiendo con mi creencia de que todo lo que nos sucede es por nuestro bien, por muchas dificultades que aparezcan en este proyecto, las acogeré con amor. Solamente me ocuparé de solucionarlas de la mejor manera posible.

GRACIAS GRACIAS GRACIAS.

Día 28 de Enero

Hoy me han surgido dudas de a quien le va a interesar lo que estoy escribiendo en mi libro. Pero me he ido a buscar una motivación que pudiera ayudarme a superar esa idea y la he encontrado.

En mi vida y en mi experiencia como madre he superado muchos obstáculos y he solucionado muchos problemas.

Es precisamente en eso en lo que me puedo centrar para ayudar a más gente que está perdido y no sabe qué hacer.

Quizás haya muchos padres y madres que como yo se han divorciado y no han sabido gestionar la nueva situación.

No es fácil. Seas el que deja o el dejado, en un matrimonio o pareja que tiene hijos es complicado tomar decisiones y seguir tu nueva vida después del momento de la separación.

La vida te cambia completamente. Lo que antes estabas acostumbrado a hacer de una manera, ahora hay que cambiarlo. O incluso como yo, empiezas a hacer cosas que nunca antes habías hecho.

Y te sorprendes a ti misma, descubriéndote potenciales que no sabías que existían dentro de ti.

La verdad es que cuando lo hice, no sabía lo que a largo plazo iba a ocurrir. Sólo sabía que a corto plazo no era lo que quería en mi vida.

Confié y os prometo que en el momento en el que tomé la firme decisión, estaba tan tranquila y tan serena que hasta yo me asustaba. Sé que el motivo era porque la decisión la había tomado con el corazón y no con la cabeza.

Desde luego si lo hubiera hecho con la cabeza, no habría sido capaz. Habría encontrado 5000 excusas, a cada una más convincente para quedarme donde estaba, pero estoy segura de que ni yo ni mis hijos estaríamos hoy como estamos.

Creí firmemente que la situación podía cambiar. Tuve Fé. Actué desde la convicción de que eso ocurriría y a medida que pasaba el tiempo e iba obteniendo resultados, me impulsaba a mi misma para seguir guiándome de la misma manera.

Así fue como sin darme cuenta, mi Fé se iba retroalimentando con los resultados conseguidos.

Era una confirmación de que lo que había hecho sin saber a ciencia cierta que saldría bien, funcionaba. Creí que era posible, y lo fué.

Ahora, tanto mis hijos como yo nos sentimos libres para pensar, sentir y actuar. Y eso es lo que quiero hacer llegar a muchos padres que incluso en sus matrimonios, no son capaces de llegar a ese estado de libertad.

Lo que mi matrimonio me estaba reportando ya no me enriquecía y estoy segura que hubiéramos llegado a un punto en el que todos habríamos salido perjudicados.

Me siento orgullosa de haber llegado hasta aquí y sobre todo de continuar.

CAPÍTULO 6

UNA HISTORIA QUE SANAR 35 AÑOS DESPUÉS

Quiero contarte algo que para mí es muy difícil. Sé que es necesario que lo haga, precisamente por lo difícil que me resulta.

En muchas ocasiones tapamos historias que nos han ocurrido en nuestra vida, porque no estamos preparados para enfrentarnos a ellas y sanarlas.

En mi vida he ido descubriendo que otra de las cosas que más me ha hecho sentirme libre es deshacerme de esas historias dolorosas que llevaba en mi mochila y que no había sanado.

Historias que por el daño que nos han ocasionado hemos guardado en nuestro inconsciente. En su momento y por diferentes razones, decidimos mantenerlas en secreto.

Una de las razones es evitar el sufrimiento. La misión de nuestra mente es protegernos y nos hace olvidar para no sufrir. Eso hizo la mía. Me protegió durante 35 años.

Con lo que a mí me pasó, me he dado cuenta de que esto es así. Estuvo oculto en mi mente durante 35 años y un día, de repente y sin saber por qué, volví a recordarlo.

Cuando yo tenía 8 años, sufrí un abuso de un chico de mi entorno, que jamás hubiera imaginado. Lo que he alcanzado a recordar de aquel día, después de casi 40 años, es que hizo que yo le masturbara. Quiero pensar que sólo se quedó en eso. Ya es bastante maltrato para una niña de 8 años.

Pero la verdad es que cuando he empezado a recordar esa historia, no me acuerdo del final. O quizás mi mente no quiera recordar.

Lo que sí recuerdo es que me lo callé. No dije nada a nadie. Ni a mis padres, ni a hermanos ni a alguien que me hubiera podido ayudar a soltar aquella bomba que decidí guardarme dentro.

Supongo que no me atreví. Tenía miedo de que pensaran que era yo la que le había provocado.

El chico era mayor y sabía lo que estaba haciendo. Y yo solamente era una niña pura e inocente, que en ese momento no supo reaccionar.

Lo guardé en secreto durante casi estos 40 años, porque ahora sé que necesitaba prepararme para tratar ese tema. Pero como te digo, no fue un secreto con conciencia. Simplemente es como si ese acontecimiento no hubiera ocurrido en mi vida.

El dolor que me producía tratarlo era más que el que me produjo guardarlo. Y así lo hice. Viví con ese secreto hasta que un día apareció de repente. No pude dejar de llorar durante un buen rato. En ese momento no pensaba en mí. Pensaba en mi hija que entonces tenía 10 años.

No podía soportar el dolor que me producía imaginar que lo que a mí me ocurrió, pudiese ocurrirle a ella.

Ni siquiera al que fue mi marido durante 15 años se lo había contado, porque como te digo, era algo olvidado en el fondo de mi mente.

No te cuento esto sólo para desahogarme. Te lo cuento también para que veas las repercusiones que una cosa así puede tener en la vida de alguien.

¿Los motivos que llevan a una niña de 8 años a no contar a nadie algo tan grave como lo que le acababa de pasar? Siempre me lo he preguntado. ¿miedo? ¿culpa?

No lo sé. Yo solo sé que he vivido con sentimiento de culpa toda mi vida y que a partir de ese momento, necesité ponerme una coraza imaginaria para evitar que nadie me hiciese daño. Pero sobre todo los hombres.

Cuando este tema lo empecé a tratar a nivel profesional, se aclararon muchas de las incógnitas que había tenido toda mi vida. Sobre todo las relacionadas con los hombres y mi vida sexual.

Tenía un odio inconsciente hacia el sexo opuesto. Me habían hecho daño con 8 años y eso se quedó grabado.

No ha sido fácil. Aun creo, sin ninguna duda, que plasmarlo en este libro lo terminará de sanar. Una herida tan grave no se cura con una simple desinfección y poniendo una tirita. Necesita de varias operaciones y que la herida vaya sanando de dentro hacia fuera.

Me condicionó en mi vida de pareja, de mujer e incluso de madre. Y ha sido a raíz de empezar a tratar este doloroso pasaje de mi niñez, cuando he ido experimentando cambios positivos en todas esas áreas.

Me he empezado a sentir mejor conmigo misma, más femenina, más sensual. He empezado a conectar con mi parte de mujer.

Ahora he entendido el motivo por el que no quería ser una mujer sensual y atractiva. Era mejor ser un repelente de hombres y no cuidar mi cuerpo era una sencilla manera de hacerlo.

Lo primero en lo que un hombre se fija en una mujer es en su cuerpo, aunque luego vaya más lejos cuando la conoce. Por lo que si mi cuerpo era feo y descuidado, provocaría menos tentaciones. Era una forma de defensa que me busqué y no me fue mal.

Pero no podía obviar del todo a los hombres. Es decir, hacer como si no existieran. Me había casado y quería tener hijos. ¡Qué situación más difícil! Había una lucha dentro de mí.

Al tratar este trauma y sanarlo, han cambiado muchas cosas en mi vida. Ahora he perdido el miedo y odio a los hombres. He conseguido recuperar mi autoestima, sabiendo decir NO, cuando realmente no quiero. He enterrado el hacha de guerra con ellos.

He cambiado la creencia de que todos los hombres son malos y que lo único que quieren es aprovecharse de mí. Creencia que estaba condicionada por mi experiencia.

Se gravó en mí por el dolor que me produjo lo que ocurrió. Lo viví como algo oscuro y sucio.

Cuando algo te ocurre, a veces damos por sentado que eso es siempre así, pero no es cierto. Lo que ocurre es que lo asociamos a una experiencia personal, y lo ponemos como norma general.

Que cualquier cosa ocurra una vez, no se vuelve verdad universal.

Mi verdad universal a partir de ese día, fue que los hombres eran dañinos y no eran buenos para mí.

Y como lo que crees, se manifiesta, para confirmarlo me ha tocado vivir experienias que confrimaban esa creencia. Aparecieron hombres que una vez más, me hicieron sentir que eso era cierto.

Pero siguiendo con mi historia, contarte que el sentimiento de culpa del que te hablaba, debido a que en su momento pensaba que yo había sido la culpable de aquello, cuando en verdad fui la víctima, se agravó cuando al poco tiempo hice mi primera comunión.

Es increíble el daño que por lo menos a mí, llegaron a hacerme las palabras de un sacerdote.

Estaba asistiendo a las clases de catequesis para hacer la primera comunión y recuerdo que en una de sus charlas nos dijo que los que cometían pecados mortales iban al infierno.

Nos explicaba que los pecados se dividían en dos tipos: Mortales y Veniales. Los Mortales eran los graves y los veniales los leves.

¿Qué pecados ni mortales ni veniales podían tener niños de 8 y 9 años?

¿Y por qué inculcarles la idea del miedo y del castigo de una manera tan subliminal a unos niños que están empezando a vivir?

Desde niños ya nos vendían la idea de un Dios duro y castigador. Cuando no es cierto.

Lo que me había ocurrido con este chico, y supongo por cómo se trababa el tema del sexo en aquella época en mi entorno, yo consideré que había sido pecado mortal. Yo misma me juzgué y me sentencié.

Cuando llegó la hora de ir a confesar antes del día de la comunión, yo evidentemente no le confesé al sacerdote eso que me había pasado. ¿Qué pensaría? Me daba igual ir al infierno, pero no se lo iba a contar a nadie.

Y así lo hice. Seguí con mi secreto. Me lo guardé en lo más hondo de mi ser y tiré la llave.

Pero para que veas cómo afectan las emociones al cuerpo, el día de mi comunión, después de la comida, me dolía mucho mi pie derecho, porque unos días antes en el colegio me había hecho un pequeño esguince.

Cuando me fui a levantar después de comer, ya no pude andar. Estuve el día de mi comunión sentada en una silla con el pie metido en agua fría para que bajase la inflamación, viendo como todos mis primos jugaban y corrían.

Esos son los recuerdos que tengo de mi primera comunión. El día en el que se supone que una niña se siente una princesa con su vestido largo y es la protagonista del día. Pues nada más lejos de lo que realmente fué.

La culpa quiere castigo y que mejor castigo para mí, que ver cómo todos mis primos disfrutaban, y yo no podía ni andar.

Había pasado de ser la víctima, a sentirme el peor de los verdugos.

El aprendizaje de todo esto... Te puedo contar varias cosas que yo he aprendido.

El primero que saques todo aquello que aún llevas dentro y que sientes que te está haciendo daño. Estoy convencida que no será fácil sacarlo. No encontrarás en principio como hacerlo, pero confía. Ten Fé. Pide y se te dará. Seguro que aparecerá la persona o la situación que lo facilite y te lleve a poder hacerlo.

Ocurrirán las sincronicidades (que algunos llaman casualidades) necesarias, si tienes verdadera intención de trascender ese tema y dejarlo atrás, para que no te limite tu vida y consigas sentirte libre. Empieza a hablarlo. No tengas miedo. No te calles. Libera lo que llevas dentro para no seguir arrastrándolo tú, o incluso traspasarlo a tus descendientes.

No querrás pasarles esa pesada mochila ¿verdad?

Incluso puede que esa mochila ni siquiera sea tuya y la hayas heredado de tus antepasados. Has de saber que las historias de familias pasan de generación en generación. Pero está en tus manos cortar esa cadena si has tomado conciencia de algo tan importante. Por lo tanto, coge fuerzas, respira y adelante. ¡Tú puedes!

Otro aprendizaje es que si tienes hijos, hables mucho con ellos. Les cuentes muchas cosas tuyas que consideres importantes. Que vean que confías en ellos. Si les das confianza, será lo que recibas.

Si en algún momento de sus vidas les ocurre algo como lo que a mí me ocurrió, no tendrán ningún reparo en contártelo, o incluso si has creado esa complicidad entre tus hijos y tú para hablar de cualquier tema, se pueden evitar situaciones desagradables.

Cuando traté profesionalmente mi experiencia de la niñez, me recomendaron que lo contara a algún miembro de mi familia. Aunque ya no se podía hacer nada para dar marcha atrás, era necesario para mí. Me liberaría no solo yo, sino todo mi clan, para arriba y para abajo.

Evidentemente también se lo conté a mi hija que ya tenía 15 años. Lo entendió y me dio el abrazo que me hubiese gustado recibir cuando yo tenía 8 años y me sentí tan sola y desprotegida. No lo recibí porque no lo conté. Pero nunca es tarde y ahora era el momento.

Lloramos juntas. Fue muy liberador y tengo la seguridad de que creé con mi hija un vínculo de confianza para toda la vida.

Siempre he dicho que la confianza y el respeto se ganan, no se imponen.

Y somos los padres los que tenemos que dar ejemplo para que ellos nos sigan. No podemos decir como oigo a muchos padres que sus hijos no les cuentan nada, cuando por parte de ellos la comunicación es nula.

Si no te gusta lo que estás recibiendo, mira a ver lo que estás dando. Es así como funciona. Y no al revés. Normalmente esperamos que nos den algo para después nosotros devolverlo.

¿Continuas el viaje conmigo? Si quieres puedo contarte mas pasos del camino hacia mi libertad.

Sanar y empezar a expresar por fin mis sentimientos ha sido uno de ellos.

Te animo a que lo hagas tú también.

Día 29 de Enero

¡Libre! Un poco más si cabe. Así me he levantado hoy. A pesar de lo doloroso que es curar una herida que llevaba infectada mucho tiempo. Porque eso es justo lo que he sentido al contar el suceso de mi niñez. Incluso al haberla tratado tantas veces de distintas maneras, es hasta haberla contado en este libro cuando no he sentido que verdaderamente la dejo atrás.

Creo que el motivo es la contribución. Colaborar a que con ello pueda ayudar a otras personas en mi situación a saber qué hacer con ello.

Ayudar a padres y madres a modificar sus hábitos de comportamiento para con sus hijos y que en el hogar se implante la _comunicación como norma_. Que a pesar de los muchos aparatos electrónicos de los que disponemos y que nos facilitan la vida en tantas ocasiones, las familias sigan hablando y teniendo largas e intensas conversaciones.

Poner remedio antes de que aparezca el problema, y si aparece, tener herramientas y estar preparados para poderlo gestionar.

Me siento con energía. Sabiendo que sigo en el camino correcto. Porque de lo contrario, se que como en otras ocasiones me sentiría cansada y sin ganas de levantarme.

Te puedo asegurar que no es el caso. Aun habiendo dormido 5 horas, hoy me he levantado dando un salto de la cama y lo primero que he hecho ha sido encender el ordenador porque necesitaba expresar cómo me siento y cómo sigo cambiando mi vida.

Con más ganas que nunca de continuar. Feliz de haber llegado hasta este punto del camino y más feliz aun por el que me queda. Disfrutando a cada paso.

Sintiéndome satisfecha de los resultados. Los míos y los de la gente que decide estar cerca de mí.

Algunos se alejan, y otros voy notando que buscan la manera de ponerse en contacto conmigo para de alguna u otra forma contagiarse de mi entusiasmo y alegría.

Quizás ellos no sepan ni por qué lo hacen, pero es tan sencillo como que si te sientes bien al lado de alguien y lo que te transmite es positivo, quieras estar a su lado el mayor tiempo posible. Al menos a mi me ocurre eso.

Al igual forma que si te sientes mal estando con ciertas personas y lo que te transmiten es negativo, es muy lícito y natural que quieras alejarte de ellas a la mayor brevedad. Sean desconocidos, amigos o incluso tu misma familia.

Resumiendo, que las personas positivas son como imanes y las negativas como repelentes. Elige qué tipo de persona quieres ser tú. Busca personas en tu vida que te inyecten esa fuerza y energía. Será la mejor bebida energética que puedas encontrar. Contágiate de su entusiasmo y mira lo que están haciendo para haber llegado hasta ese punto.

Quizás sea algo de lo que ellas hayan hecho una de las cosas que tú puedas copiar, para conseguir estar con esos niveles de entusiasmo, alegría y vitalidad.

¡No tienes nada que perder y sí mucho que ganar!

CAPÍTULO 7

MORIR PARA VOLVER A NACER

"Si quieres resultados distintos, no hagas siempre lo mismo" (Albert Einstein.)

Me costó mucho tiempo entender esta frase y sobre todo ponerla en práctica.

Mi divorcio y todo lo que aconteció durante y después de que ocurriera, dieron paso a mi transformación personal.

Una transformación que sin duda fue necesaria para encontrarme conmigo misma, para conectar con mi esencia. Para saber quién realmente era y sobre todo dónde quería ir.

Lo que había estado haciendo hasta ese momento me había llevado hasta donde estaba. Sólo tenía que preguntarme si los resultados eran satisfactorios. Y por descontado no lo eran para mí. Aunque puede que sí lo fueran para otros que lo que esperaban de mí, era precisamente eso.

No podía seguir siendo la misma, tenía que cambiar. Me empezó a llamar la atención todo lo relacionado con la espiritualidad y el crecimiento personal.

Gracias a ese cambio, empezaron a aparecer en mi vida personas que se movían en ese mundo. Yo ya no era la misma. Estaba cambiando. Empezaba a tomar conciencia de que tenía que acabar con la Raquel que había sido hasta ahora, sin energía y sin vitalidad, para convertirme en la Raquel que quería ser.

Para empezar, tuve que ir analizando cuál eran las creencias que hasta ahora me habían hecho actuar de una manera concreta.

Las creencias son una especie de gafas que te hacen ver las cosas de una manera. Siempre se ha dicho que la vida es del color de las gafas con las que se mire.

Pues mis gafas no me gustaban.

Si seguía viendo la vida con las mismas gafas, seguiría haciendo lo mismo y tomando decisiones que me conducirían a tener los mismos resultados. Por lo que y sin saberlo, me quité esas gafas, para empezar a ver las cosas de otra forma. Sólo con la intención y actuando para buscar unas nuevas creencias, empecé a cambiarlas.

La confirmación de que iba instaurando nuevas creencias en mí, eran las cosas que iba consiguiendo y nunca antes había podido.

Por ejemplo, la de que siempre sería gordita porque mi abuela era gordita también. Y la verdad, tanto me dijeron eso que me lo creí.

¿Cómo una niña va a rebatir algo que tus padres o familiares cercanos le digan? Pues tú vas y te lo crees y tu inconsciente actúa para que eso que te dicen, se cree en la realidad.

¡Lo que crees, creas! Ya sea consciente o inconscientemente.

Mi cuerpo ha sido algo que nunca me ha gustado. De niña me sobraban bastantes kilos. En el colegio se metían conmigo por ello y me sentía muy acomplejada, pero nunca hice nada por remediarlo. Me gustaba mucho la comida y comía con ansiedad.

¿Pero sabes qué? Que todo tiene un límite y a mí me llegó ese límite. Gracias a todo lo que estaba aprendiendo debido a mi tremendo ansia de saber más y superarme, descubrí que podía acabar también con esa creencia. No era una creencia mía. Y mucho menos era una creencia verdadera.

Pues fruto de eso y de mi aumento de autoestima, aparecieron las personas y las circunstancias que me ayudaron a empezar a cuidar mi cuerpo. Cada vez me gustaba más y eso retroalimentaba mi autoestima y mi energía.

Comer bien y saludable era una necesidad. Salir a andar e ir al gimnasio se volvió una rutina en mi vida de la que no podía prescincir.

Por fin había conectado conmigo. Me encontraba con ganas de comerme el mundo.

Me había demostrado que mi cambio de creencia funcionaba y que al fin podía sentirme a gusto con mi cuerpo.

No valían las excusas de que soy demasiado mayor, nunca había hecho deporte, estoy cansada, no tengo tiempo, no tengo dinero para pagar el gimnasio… y un largo etc de excusas que antes habían aparecido y por eso seguía igual.

Como te habrás podido dar cuenta, esta creencia que te acabo de explicar y mi otra creencia del miedo a los hombres, influyeron totalmente en mi físico. Si. Sé que puedes estar pensando que es exagerado, pero así de potentes son las creencias.

¡Son capaces de tantas cosas! Incluso de cambiar tu cuerpo. Te lo digo por experiencia.

Tuve que morir para volver a nacer y empezar a fabricar la nueva versión de Raquel.

Fue como volver a empezar. Trabajar en mi misma para conseguir llegar a ser esa versión que por fin se pudiera sentir libre.

Pero no valía cualquiera, tenía que ser la mejor versión. Sólo tenía que soltar el miedo, dejarlo atrás y confiar con todas mis fuerzas de que eso era posible.

Pero todo esto del cambio de creencias y por lo tanto del cambio en tu forma de pensar, llevan consigo unas consecuencias. Y son las que quizás tú te encontrarás, cuando vayas haciendo esos cambios. Habrá personas a tu alrededor que no estén de acuerdo.

A mí me decían que estaba rara.

¡Ya no piensas como antes!

Y lo que me querían decir es que no pensaba como ellos.

Supongo que no podían entender de donde había sacado esa nueva forma de pensar. Era muy distinto a lo que ellos me habían enseñado.

Estoy segura que todo lo que me enseñaron e inculcaron fue con la mejor de sus intenciones. Era lo que ellos también habían aprendido. Bien mediante sus padres o por las experiencias que en su vida tuvieron que superar.

Siempre he pensado que la vida de mi padre no tuvo que ser nada fácil. De hecho él me ha contado muchas historias de cuando era pequeño y no fueron precisamente agradables.

Es el hermano menor de 5 hermanos. Mi abuela tuvo que pasarlo bastante mal para criarlos, porque mi abuelo estuvo durante 12 años en periodos discontinuos de su vida en la cárcel, por pertenecer a un partido político distinto al que gobernaba en ese momento y pensar y actuar de diferente manera. No entro a juzgar si era mejor o peor, simplemente era distinta.

Lo que sé es que por ello estuvo encerrado 12 años de su vida. Privado de libertad.

Me imagino que mi abuela no tendría mucho tiempo para dedicar a sus 5 hijos. Trabajaba de sol a sol para que pudieran comer.

La niñez de mi padre fue dura. Se crió prácticamente sin su padre. Una de las veces que encerraron a mi abuelo, mi padre tenía sólo 6 meses y cuando regresó ya había cumplido los 6 años.

El motivo de que él actuara así conmigo y no entendiera lo que yo pretendía cambiar, eran precisamente las creencias que él había heredado.

Pero yo me he sentido en la obligación de cortar la cadena y cambiar la historia de mi familia. Una historia de falta de libertad: Física, de expresión y en consecuencia en la forma de actuar.

No sólo no te sientes libre cuando te privan de libertad física, sino también cuando te ves privado de libertad mental y emocional.

Que tu familia haya vivido de determinada manera, no quiere decir que tu tengas que seguir la tradición, aunque sí te puedo decir por experiencia propia que habrá momentos en los que haciéndolo sentirás que les estás traicionando. Es como si algo extraño te atara para no salirte del camino trazado por ellos. Aunque ese camino sea el que te encierre en tu propia cárcel.

Pero precisamente les estarás traicionando si no lo haces.

No tienes que seguir con patrones de miseria o escasez. Y no hablo de escasez económica, que esa es precisamente la que mi padre consiguió romper. Imagino que llegar a pasarlo tan mal de niño incluso para comer, le hizo reaccionar. Y cuando fue independiente, trabajó para tener lo que nunca tuvo.

Y se encargó de que a sus 3 hijos nunca les faltara de nada.

Así fue. Tengo que decir que nunca me faltó absolutamente de nada que se pudiera comprar con dinero. Sin embargo, siempre he sentido que mi padre no estuvo cuando más le necesité. Para él se convirtió en una prioridad cubrir las necesidades básicas de sus hijos: comer, vestirnos, darnos estudios...

Creo que ese fue uno de los motivos de mi creencia que me hicieron llegar a una mala situación económica después de mi divorcio.

Culpaba al dinero de haberme quitado a mi padre durante la niñez. Justificaba el hecho de que mi padre no había estado casi nunca porque tenía que trabajar mucho para conseguir ganar ese dinero que nos hiciera vivir bien y que no nos faltara nada.

¡Yo no quería dinero! ¡Quería a mi padre!

Mas tarde entendí que trabajar para ganar dinero y disfrutar de tus hijos es compatible. Sólo era una idea que yo me había formado. Lo único importante es que exista un equilibrio entre las dos cosas.

Te cuento esto para que veas de dónde y de qué manera se puede formar una creencia.

Pero lo importante es que te des cuenta de que las creencias, una vez las localizamos, podemos acabar con ellas o incluso darles la vuelta para que nos favorezcan.

Es decir, si queremos cambiar nuestra vida, tenemos que cambiarnos las gafas con las que hasta ahora hemos estado viendo.

No culpar a nadie de cómo actuaron, porque ellos lo hicieron de la mejor manera en que sabían. Igual que tú ahora lo estás haciendo. Piensas y actúas de la manera en la que lo haces, porque tienes unas determinadas creencias.

Pero probablemente a raíz de leer estas líneas, te cuestiones si tienes por ahí alguna creencia que tengas que borrar de tu inconsciente, porque no te han llevado a los resultados que a ti te gustaría. Esas creencias en definitiva son las que te están limitando.

Para ayudarte, te voy a contar alguna cosilla más de las creencias y la forma de localizarlas.

Día 31 de Enero

Hoy al levantarme me siento más distinta todavía. Es como si se hubiera ido a la cama una persona y se hubiera levantado otra.

Y no por haber dormido bien. Que no ha sido el caso. A decir verdad he dormido bastante mal. Mi cabeza no dejaba de dar vueltas.

Sé que muchas cosas de las que escribí anoche de mi libro antes de acostarme, tomé conciencia de ellas en el momento de ponerlo por escrito.

El sentimiento general es de satisfacción personal. De ver que el esfuerzo tiene la recompensa, aunque no siempre en el momento que nosotros queremos.

Todo necesita ese proceso de manifestación que a veces nos cuesta aceptar porque queremos que las cosas ocurran ya. Pero la paciencia no siempre nos acompaña.

Voy comprobando día a día que mi trabajo de querer formarme y aprender más acerca del crecimiento personal va dando sus frutos.

Quizás no lo haya valorado nunca antes, pero la cantidad de libros que he leído, los cursos a los que he asistido y las terapias que he realizado, han servido para adquirir unos conocimientos que día a día pongo en práctica sin darme cuenta. Y no sólo para evolucionar yo, sino para ayudar a los que están a mi alrededor, sobre todo mis hijos.

Ayer fue un día de esos en los que todo se puso de mi parte para que sintiera que gracias a mí y a mi nueva forma de ver la vida, las personas de mi entorno pueden mejorar la suya. Me agrada ver que todas las cosas que les he dicho acerca del empoderamiento personal y otras locas ideas nuevas, no han caído en saco roto.

Aunque en su momento lo pareciera. Las semillas que fui sembrando, han ido creciendo. Y el resultado de ello son personas que quieren un cambio en su vida porque no se resignan a la que tienen.

La conclusión es que quiero seguir aprendiendo más y más y sobre todo comunicar lo que vaya aprendiendo.

El universo ha querido que a través de mí, las personas puedan ser un poquito más felices siendo ellas mismas. Conociendo su verdadero potencial que por unos motivos u otros aún permanece oculto. Pretendo que se destapen y conecten con ellos mismos, como lo he ido haciendo yo.

Ha sido a través de conocerme a mí misma, que he llegado hasta este momento y estoy aquí inmersa en esta gran aventura que es la de escribir mi primer libro, para que más gente pueda empezar a tomar conciencia de lo que cada uno puede llegar a ser. Trabajando en ellos mismos.

Nada está en el exterior. Todo está en cada uno de nosotros.

Quizás por ello haya sido dotada de ciertas facultades para poder hacerlo, como es la facilidad de expresarme y mi gran empatía para comunicarme con las personas.

Pero también tengo que decir que esas facultades no siempre han estado activadas. Ha sido a raíz de saber lo que quiero hacer en la vida, cuando he forzado más esas habilidades. Aún me queda por hacer. Pero todo se consigue con perseverancia y en ello estoy.

Trabajando día sí día también para aprender más y mejorar lo que ya sé.

GRACIAS, GRACIAS, GRACIAS.

Día 2 de Febrero

Cuando comienzas un proyecto nuevo importante en tu vida, ya sea de trabajo, personal, de relaciones, etc… es normal que te asalten las dudas. Ayer fue un día de esos para mí.

El escribir este libro ha sido un proyecto que siempre ha estado en mi cabeza. Supongo que llegar a escribirlo era para mí tan difícil que ni me había planteado el momento de empezar.

Podría decirse que el comienzo de esta aventura ha sido un cúmulo de casualidades, pero no es verdad. Las casualidades no existen. Solo las causalidades. Creo que todo es causado por algo.

Si yo estoy ahora frente a la pantalla del ordenador escribiendo estas líneas, es porque en el fondo de mi corazón siempre existió esta idea y nunca la he abandonado.

Me ha frenado siempre el no saber cómo iba a contar mi historia de una manera que no fuera ni mucho menos una historia de odios, rencores ni miedos. Sino todo lo contrario. Mi intención era que se convirtiera en una historia personal de empoderamiento que transmitiera seguridad y alegría, de saber que nosotros somos los que tenemos precisamente ese poder de transformar nuestra vida y dirigir el timón de nuestro barco.

Pues supongo que el hecho de llevar implícita esa intención, ha ocasionado que todo sea perfecto para que este proyecto por fin pueda ver la luz.

A pesar de las dificultades de tiempo, dinero, cansancio y demás, nada impide que cada día me levante con la ilusión de seguir. Y más, como os digo, cuando ayer fueron ocurriendo cosas que eran como señales que me decían :

¡Siiiiii! ¡Es por aquí Raquel! ¡Sigue tu intuición! ¡Que nada te detenga! ¡No te rindas!

Y cuando anoche escribía sobre las creencias, precisamente me vino a la cabeza un poema que tiene mucho que ver con ellas.

Pues esta mañana nada más levantarme, me fui derecha a un cajón de casa donde tengo guardados títulos y notas de cuando estudié, y allí estaba el poema.

¡Lleva conmigo 30 años!

Recuerdo que en su día me llamó la atención y en clase de mecanografía lo pasé a un folio y cuando llegué a casa lo pegué en la pared.

¡Ya entonces ese tipo de cosas me atraían!

Me emociono al pensar que realmente toda mi vida ha sido una preparación para poder escribir este libro. Que el guión ya estaba ahí. Sólo faltaba encontrar la manera de poder transformarlo en palabras, para que mi experiencia de vida no muriera conmigo y pudiera ser leída por ti.

Pero sin duda alguna, me faltaba la preparación emocional para poderlo hacer y tenía que aparecer la persona que lo hiciera. Os aseguro que apareció. Y gracias a sus libros y sus enseñanzas, he conseguido transformarme y tener la fuerza y seguridad necesaria para llevarlo a cabo. ¡Gracias LAIN!

Escribir un libro lo puede hacer cualquiera, pero escribir un libro desde el corazón no. Y eso es lo que he aprendido de él.

Por eso fluyen las palabras. A veces no entiendo de dónde salen las cosas que escribo ni mucho menos cómo están expresadas. Es como si un ente superior me lo fuese dictando y sólo se sirviera de mis dedos para plasmarlo en el folio. Estoy segura de que así es. Por lo tanto me siento agradecida de haber sido elegida para ello.

En fin querido lector, con este sentimiento de agradecimiento por tanto recibido, te transcribo el poema que ha aparecido en mi cajón. Gracias infinitas por estar ahí con mi libro entre tus manos. Gracias por mimar mi obra, mi creación y seguir aquí conmigo.

EL ÉXITO COMIENZA EN EL PENSAMIENTO

Si piensas que estás vencido, lo estás.
Si piensas que no te atreves, no lo harás.
Si piensas que te gustaría ganar, pero no puedes, no lo lograrás.

Si piensas que perderás, ya has perdido,
Porque en el mundo encontrarás,
Que el éxito comienza con el pensamiento del hombre.
Todo está en el estado mental.

Porque muchas carreras se han perdido,
antes de haberse corrido

y muchos cobardes han fracasado,
ántes de haber su trabajo empezado.
Piensa en grande y tus hechos crecerán.
Piensa en pequeño y te quedarás atrás.
Piensa que puedes y podrás.
Todo está en el estado mental.

Si piensas que estás aventajado, lo estás.
Tienes que pensar bien para elevarte.
Tienes que estar seguro de ti mismo,
Antes de intentar ganar el premio.

La batalla de la vida no siempre la gana el hombre más fuerte,
o el más ligero,

Porque tarde o temprano, el hombre que gana,
Es el que cree poder hacerlo

(Sacado de un poema del Dr. Cristian Barnard)

Día 3 de Febrero

Hoy es otro día más de bendiciones en mi vida. Ha ocurrido algo que hace un tiempo no me hubiera ni llegado a imaginar. Bueno, a decir verdad no ha ocurrido porque sí. Yo he hecho que ocurriera. He dejado mi orgullo a un lado y he ido a hablar con mis padres.

En principio había decidido no decirles nada del tema del libro. Total para qué. No me iban a entender y como en otras ocasiones, después de mi divorcio no me iban a apoyar.

Los proyectos que he ido empezando desde mi divorcio en temas laborales han sido variados. Desde hacer tartas de chuches y venderlas para cumpleaños, comuniones y bodas, pasando por irme de mercadillo en mercadillo vendiendo cosas de segunda mano. Me levantaba a las 6 de la mañana y cargaba mi coche de todo lo que pillaba para poderlo vender. Había días que pasaba mucho frío y otros que pasaba mucho calor, para venirme a casa con 100 euros, aunque a veces no se me daba tan bien, y sólo conseguía 5 euros.

También trabajé en una inmobiliaria durante unos meses en la que no tenía nómina. Entré sin tener sueldo fijo. Sólo ganaría las comisiones de lo que vendiera. Pero a mí no me importaba. Yo quería hacer algo y aprender cosas nuevas, ya que no tenía ni idea del sector inmobiliario.

Pues en ninguno de esos proyectos conté nunca con el apoyo de mis padres. Supongo que ellos seguían pensando que tenía que haberme quedado en el trabajo que tenía de contable en la empresa de mi ex marido, pero eso no era lo que quería yo.

Aun así, nunca me rendí y seguí probando cosas. Tenía claro que un trabajo en una oficina como el que había desarrollado durante tantos años no era lo que quería. Necesitaba un trabajo en el que relacionarme con más gente. Expresar mi creatividad y mi don de palabra. Siempre había tenido esa facilidad pero nunca la había llevado a la práctica.

No quería estar encerrada entre cuatro paredes sin ver apenas a nadie. Me sentía encarcelada. De hecho, como nadie me controlaba en los horarios, siempre buscaba excusas para llegar más tarde y me las apañaba para que algo me surgiera y poder salir antes de la oficina.

Pues la situación económica por la que ahora estoy atravesando, me ha llevado a tener dificultades para poder llevar a cabo este sueño de escribir mi libro. No tengo el suficiente dinero para terminar el proyecto. Pero supongo que era lo que necesitaba para hacer lo que hoy he hecho. Como ya sabéis, nada es casualidad y las cosas no ocurren porque sí.

Lo que hoy en principio me ha llevado a hablar con mis padres era el tema del dinero. Tenía que contarles lo que tengo entre manos y pedirles que me dejaran el dinero suficiente para poder acabar. Y digo en principio porque es lo que yo pensaba. Pero después de casi dos horas de conversación y de lo que ha pasado, me he dado cuenta que tenía que verme así para que se provocara esta situación.

Podía haber hecho algo que puede parecer más complicado en principio, pero que para mí hubiera sido la opción fácil.

Hace unos días estuve en el banco para ver la posibilidad de un préstamo y me dijeron que dada mi situación laboral con contrato indefinido y nómina, no tendrían ningún problema en darme lo que necesitaba.

Lo difícil para mí, era ir a casa de mis padres y reconocer que tengo un problema de dinero. Ellos siempre han estado dispuestos a ayudarme económicamente. Me lo han dicho muchas veces, pero mi orgullo no me dejaba.

Hoy me levanté con una sóla idea en la cabeza y era la de ir a hablar con mis padres. Lo necesitaba. Aunque no pensaba que lo que realmente necesitaba era volver a recuperar a mi familia.

Mi escasez de dinero ha sido la causa. El universo no ha visto otra forma de hacerme reaccionar y ha utilizado lo que más me podía doler.

Cuando he llegado a casa no estaba mi padre y he empezado a hablar con mi madre de otras cosas.

La charla ha ido avanzando. Yo quería hablar con los dos, pero mi padre había salido y después de llamarle como quince veces, no ha cogido el teléfono. Ahora sé que tenía que ser así.

No recuerdo haber tenido una conversación así de profunda en mi vida con mi madre. Ella se ha sincerado conmigo y yo con ella. No ha habido acusaciones ni reproches. Las dos hemos hablado desde el corazón.

Me ha contado cosas que nunca le había oído, y yo le he dicho cosas a ella que nunca le había dicho.

Supongo que su reacción ha sido esa al explicarle lo de mi libro, porque ha sentido una seguridad total en mí. Cosa que ahora veo, que en los anteriores proyectos me faltaba y que ellos como padres sentirían. Con sus lógicas resistencias y desconfianzas claro está, pero me apoyan.

Esta vez es distinto. Nunca lo he tenido tan claro. Nunca he sentido tantas ganas de hacer algo. Siempre he tenido miedo y he ido haciendo cosas con temor a fracasar y que me dijeran que me había vuelto a equivocar.

El miedo, al igual que el amor son creadores, y lo que yo iba creando con miedo, terminaba en fracaso porque eso es precisamente lo que yo atraía.

Pero precisamente al hablar de creencias limitantes, me he dado cuenta que había una creencia en mí referente a eso, que me estaba frenando para no avanzar en mi camino.

Me estaba dando miedo otra vez empezar un proyecto y que no funcionara, o me saliera mal.

Prefería mantenerlo oculto por si no lo conseguía y que no me pudieran decir que me había vuelto a equivocar.

Hoy he roto muchas barreras.

Se desde el fondo de mi corazón que lo que estoy haciendo me alimenta el alma. Necesito expresarme y contar mi experiencia. Plasmarla en este libro, que es como mi hijo y poder ayudar a más personas que quizás se identifiquen conmigo y mi experiencia. Eso no es fracaso.

Habré fracasado si no lo intento.

Antes de venirme de casa de mis padres, mi madre y yo nos hemos fundido en un abrazo largo e intenso. La he sentido más cerca que nunca. Un Te quiero sincero ha terminado la visita.

Es una pena que en general no seamos capaces de expresar nuestros sentimientos a nuestros seres queridos. Pensamos que es un síntoma de debilidad y normalmente nos callamos. Pero por propia experiencia te digo, que es lo mejor que puedes hacer. Expresar lo que sientes. Liberar tu corazón y no reprimir un abrazo de esos que son capaces de recomponer tu alma.

Contar con mis padres para este proyecto que es tan importante para mí no era imprescindible. Lo haré de todos modos. Pero si es muy gratificante saber que están ahí, y que aunque con sus justificados miedos e inseguridades, me apoyan y confían en mí.

Acepto que no lleguen a entenderlo del todo. Es algo nuevo y desconocido para ellos. Incluso yo tengo miedo. Miedo a lo que ocurrirá. Es algo totalmente distinto a lo que he hecho nunca, pero sé con toda seguridad que es lo que necesito hacer.

Escribir este libro es toda una bendición, debido a todo lo que está ocurriendo en mi vida.

Si esto es sólo el principio, no quiero ni pensar lo que vendrá.

Sólo siento agradecimiento en estado puro. Una sensación de libertad inmensa y una satisfacción personal que jamás había sentido.

No pienses nunca que porque algo haya ocurrido en tu vida de una manera determinada, tiene que volver a ser así.

No te predispongas a nada. Los resultados te pueden sorprender, como a mí hoy.

Para poder crecer y seguir avanzando, hay que dejar el orgullo a un lado y montarse a galope encima de la humildad. Con ella de vehículo, llegarás más lejos.

Con esta reflexión me quedo hoy, y doy las gracias por tener los padres que tengo. Sé que han cometido errores en mi educación, pero también han hecho muchas cosas bien, y gracias a ellos me he convertido en la persona que ahora soy.

Precisamente han sido ellos los que me han enseñado a no rendirme. A seguir adelante y no abandonar. Lo he visto en mi padre y también en mi madre. Con sus ansias siempre de aprender más y llegar más lejos.

Nunca me lo dijeron de una forma explícita, pero es lo que siempre les he visto hacer. Y eso es precisamente lo que se aprende.

CAPÍTULO 8

¿QUÉ SON LAS CREENCIAS?

En primer lugar, empecemos por definir lo que es una creencia.

Es un estado psíquico subjetivo donde la persona considera como "verdad" un elemento, que por lo general tiene una ausencia de análisis clínico y argumentos de peso. Se podría decir que es una idea considerada como verdadera por quién la posee. Algo en lo que cree "a fe ciega" sin capacidad de contraste.

Al encontrarse en la parte insconsciente de la persona, una creencia es muy resistente a cualquier cambio y es ajena a la voluntad del individuo. En definitiva, dominan tu vida.

Es muy importante decir que cuando se habla de creencias, hay que tener claro que no existen ideas verdaderas o falsas. Las que para una persona pueden servir para sacar lo mejor de sí mismo, para otras pueden resultar limitantes o perjudiciales para poder progresar.

Lo principal es analizar en cada persona en particular si la creencia en la que se apoya le ayuda a conseguir lo que desea para mejorar, o le está limitando sus posibilidades para alcanzar su objetivo.

Por lo tanto, llegamos a la conclusión de que existen dos tipos de creencias. Las creencias limitantes y las empoderadoras.

Las **creencias empoderadoras** son aquellas que nos ayudan e impulsan para avanzar y progresar hacia lo que nosotros hemos considerado como bueno. Son las que hacen que saquemos nuestra

mejor versión, tanto con nosotros mismos como en nuestra relación con los demás.

Algunas de las creencias empoderadoras pueden ser:

* Mis necesidades son importantes. Si yo estoy bien, podré ayudar mejor a los demás.

* El éxito es posible para mí.

* Me atrevo a hablar de ideas, voy a por ellas.

* Sé cuando es momento de dejar ir y lo hago.

* Aprendo con la dificultad, no tiro la toalla.

* Mostrar los sentimientos es de valientes.

* Tener hijos te impulsa a tener una vida laboral satisfactoria y plena

* Tener pareja puede ayudarte a sentirte más libre e impulsarte en tus proyectos de vida.

Pero sin duda las que tenemos que trabajar para seguir avanzando en nuestro camino de vida son las creencias limitantes.

Las **creencias limitantes** son una percepción de la realidad que nos impide crecer, desarrollarnos como personas o alcanzar todas esas cosas que nos hacen ilusión. Es algo que realmente no es cierto pero que como sí lo es para nuestra mente y eso es lo que vale para nosotros, lo damos por bueno.

Puede ser algo con lo que hayamos convivido desde pequeños o que se haya incorporado a nuestra vida a través de alguna experiencia u opinión.

O puede ser una frase que oímos en un momento crucial en nuestra vida y que se repite una y otra vez en nuestra cabeza en los momentos importantes en los que queremos conseguir algo y no lo logramos.

Lo recordamos con las mismas palabras que la primera vez que lo oímos. Y se repite sin querer en nuestra cabeza una y otra vez. Por ejemplo: "tener hijos te impide tener una vida laboral satisfactoria" o "tener pareja te quita libertad".

Frases como esta las he oído y sigo oyendo muchas veces en mi vida. Creencias sobre los hijos que pueden llegar a marcar tu futuro. Recuerdo una mujer que decía: un hijo, un problema, dos hijos, dos problemas.

Cuando alguien que tiene proyectado tener hijos escucha eso, aunque no lo creas, puede llegar a condicionarle. En su inconsciente puede crearse la idea de que tener hijos le acarreará problemas. ¿Y quién quiere problemas en su vida?

Y por otro lado, un hijo que escucha decir eso a su padre o a su madre, pensará que él ha sido o es un problema en la vida de sus padres.

Las creencias suelen ser las excusas que nos buscamos cuando no conseguimos lo que deseamos. Es decir, echamos las culpas a "eso".

Muchas veces te habrás encontrado que cuando quieres conseguir algo, se te van presentando obstáculos que te lo impiden. Superarlos será lo que te lleve a conseguir lo que deseas.

Esos obstáculos son en muchas ocasiones creencias que hay que encontrar para soltar el lastre que no te deja avanzar.

Como te decía en el capitulo anterior, eso que te ocurrió en un momento dado o que te repitieron tantas veces, tuvo en ti un impacto emocional que se ha grabado a fuego en tu corazón y lo has aceptado como VERDAD ABSOLUTA. Te lo has creído. No dudas que sea cierto.

Si desde pequeño un niño empieza a escuchar cosas como "eres un desastre" "todo lo haces mal" "nunca has sido cariñosa , te pareces a…", al niño no le quedará más remedio que ser así o hacer esas cosas, porque no se plantea que lo que le dicen sus padres no pueda ser verdad.

Tengo que decir que un niño que haya vivido con unos padres muy críticos hacia él, desarrollará una baja autoestima que a su vez impedirá que desarrolle todo su potencial.

Los hijos, inconscientemente buscan la aprobación de los padres y harán lo que sea para no defraudarles, incluso si ello implica ser torpes.

Mientras que un niño que esté rodeado de personas que le demuestran abiertamente su cariño y que alaban los buenos resultados obtenidos en cualquier faceta de su vida, desarrollará creencias del tipo "soy inteligente" "soy creativo" "soy trabajador" y hará que se valore más así mismo y consiga alcanzar sus metas.

Por lo tanto, los padres tenemos una gran responsabilidad con nuestros hijos en ese sentido, haciéndoles sentir desde pequeños que son grandes y especiales. Y sobre todo que pueden conseguir lo que se propongan.

No inculcarles nuestros miedos. Porque con toda seguridad, nuestros miedos estarán fundados en creencias adquiridas por nosotros. Y son las que les estaremos transmitiendo a ellos también. Quizás sin darnos cuenta.

Somos nosotros los que más vamos a influir en la vida de nuestros hijos y los que lo tenemos más fácil para dotarles de esa autoestima necesaria para cuando tengan que enfrentarse al mundo.

Si al salir ahí fuera no llevan una buena capa de autoestima, cualquier persona que se encuentren en su camino les dirá que son de una determinada manera y sea bueno o malo lo que les han dicho, se lo creerán y lo darán por válido.

Ahora te voy a enumerar algunas de las creencias que nos limitan día a día. Quizás puedas identificarte con alguna de ellas. Por ejemplo:

* Los hombres no lloran.
* Siempre te va a ocurrir lo mismo.
* Lo que tú digas no es importante.
* Tú no estás hecho para estudiar.
* Tú no puedes aspirar a tanto.
* La gente consigue cosas por suerte (no tiene que ver el esfuerzo).
* No sirvo para nada, me merezco lo peor.
* Debo pensar en los demás primero aunque esto me perjudique.
* Hay que criticar a las personas que cometen errores
* Ganarás el pan con el sudor de tu frente.
* Si tengo dinero dejarán de quererme por mí mismo.
* El dinero es la fuente de todos los males.
* Los ricos no son honrados.
* El dinero no da la felicidad.
* Para presumir hay que sufrir
* No es bueno llamar la atención, hay que ser discreto y pasar desapercibido.
* Soy demasiado gordo
* Soy demasiado mayor para …
* Soy demasiado joven para …
* Las redes sociales son malas

Como puedes comprobar y esto es sólo una mínima parte, hay una infinita lista de creencias limitantes. En cualquier área en la que nos centremos: familiares, de dinero y crecimiento económico, de éxito y consecución de objetivos, de relaciones de pareja e hijos, de apariencia física... etc.

Si alguna de ellas te ha resonado al leerla, no la olvides, anótala, porque seguramente esa creencia te está limitando tu vida en algún sentido.

La cuestión está en saber identificarlas y acabar con ellas o incluso transformarlas en creencias positivas para nosotros.

Por lo tanto:

Si cambias tus creencias y tu actitud, verás que cambiará todo a tu alrededor.

Si haces este trabajo de cambio de creencias o como te había dicho antes, te cambias las gafas con las que estabas mirando la vida hasta ahora, conseguirás cambiar los NO PUEDO por SI PUEDO.

Y la satisfacción que experimentarás será la de un pájaro que miraba desde el nido como los demás volaban y él no era capaz de hacerlo, pero que un día decidió lanzarse al vacío y comprobó que él también era capaz de volar.

Es decir, aumentará tu sensación de libertad, que es de lo que se trata. Sólo si quieres vivir una vida plena.

Ahora me queda contarte cómo podemos descubrir esas creencias que ni tú sabes que van contigo.

¿Te interesa? Estoy segura que si.

Pues sigamos

CAPÍTULO 9:

CÓMO LOCALIZAR CREENCIAS LIMITANTES

Como te decía, las creencias limitantes se crean en nuestro cerebro como un método para defenderse de algo que en un momento dado nos hizo sufrir o pasarlo mal.

Se encuentran grabadas dentro de ti para que no sufras o no corras peligro otra vez.

Por ejemplo, si alguna vez lo pasaste mal cuando alguna pareja te dejó, quizás asocies que tener pareja es malo porque te hace sufrir y aunque ahora quieras tener esa pareja, inconscientemente hay algo que te lo está impidiendo, y esa es la creencia que en su momento, tu mente necesitó crear para defenderte de esa supuesta amenaza.

Por lo tanto, una de las maneras de localizar creencias limitantes es hacerte la pregunta de cuál es el objetivo que quieres lograr.

Aquello que aparezca entre tú y ese objetivo, serán creencias que sin duda tengas que trabajar para limpiar tu camino de piedras que están obstaculizando tu avance para conseguir tus sueños.

Si cogemos el ejemplo de tener más dinero, al hacernos la pregunta ¿qué tengo que hacer para lograrlo?, las respuestas pueden ser varias. Entre otras, buscar más oportunidades de negocio donde exista la posibilidad de ganar más dinero.

Si aún no me he planteado otras oportunidades de negocio, evidentemente no lo tendré.

No puedo conseguir algo, si no tomo medidas de acción para alcanzar ese objetivo. Pero muchas veces es lo que nos ocurre. Queremos conseguir algo desde el sillón de casa. Sin hacer nada. Sólo con desearlo. Y en verdad desearlo es uno de los pasos para atraer hacia nosotros aquello que deseamos, pero si no lo acompañamos de acciones, se quedará en un mero deseo.

Los deseos no cambian vidas, las decisiones sí. Por lo tanto, toma la decisión de cambiar aquello que no te gusta y no tengas:

¡MIEDO AL CAMBIO!

Tú tienes la firme decisión de cambiar tu vida, pasando por encima de esos miedos. Esos miedos son algo que a la mayoría de nosotros nos hace permanecer en el mismo punto de la encrucijada durante demasiado tiempo. Nos asusta salir de nuestra zona de confort, aunque en esa zona no estemos bien.

Pero precisamente fuera de ella es donde está aquello que queremos lograr. Es de donde tenemos que salir para liberarnos.

Por lo tanto, hemos de superar ese miedo y las dificultades que seguro aparecerán en el camino hacia el objetivo.

Muchas veces tropezamos en la misma piedra una y otra vez cuando estamos a punto de conseguir nuestro deseo. Hay algo que aparece y nos impide lograr lo que queremos.

Culpamos a esa situación o circunstancia de no haber conseguido nuestros objetivos. Pues precisamente serán esas situaciones, las creencias limitantes que nos mantienen anclados aún donde estamos.

Pero no te desanimes. Ahora que has investigado y has conseguido descubrir alguna clave sobre esos obstáculos que no te dejaban avanzar, puedes tomar acción y decidir qué haces con ellos: saltarlos e impedir que dejen de limitarte o quedarte resignado pensando que no puedes hacer nada. ¡Tú decides!

CONCLUSIONES

Como podrás comprobar, en esto de cambiar las creencias limitantes hay un componente clave, y es la implicación personal.

Hemos sido acostumbrados a buscar el camino fácil en todo. Esperamos la solución milagrosa que resuelva todos nuestros problemas. La ley del mínimo esfuerzo. Y no funciona así.

Hay un refrán que dice "el que algo quiere, algo le cuesta".

Si quieres un cuerpo sano, vas a tener que cuidarlo. Y no sólo en lo que a los pensamientos y emociones se refiere, sino también la alimentación y el ejercicio físico.

La acción siempre es necesaria, pues es la que te dirige hacia el objetivo marcado. Si quieres un trabajo, nadie va a ir a tu casa llamando a la puerta y ofrecértelo, si tu no has movido los hilos antes.

Por lo tanto, tendrás que hacer las acciones necesarias para poder propiciar el cambio que deseas en tu vida.

Es decir, has de hacerte responsable de ti y de tu vida.

El problema es que en muchas ocasiones no sabemos lo que es la responsabilidad, pero eso es algo de lo que vamos a hablar en el capitulo siguiente.

¿Sigues conmigo?

Día 06 de Febrero

Hoy más que nunca retumba en mi cabeza esa palabra mágica que para mí es la LIBERTAD. Aunque soy consciente que es una palabra muy importante para todo el mundo. No por la palabra en sí, sino por lo que su significado implica.

Ayer llegó a mis manos un artículo que me llamó mucha la atención porque abarca todo lo que la LIBERTAD puede significar.

Yo lo recibí como un regalo y quiero compartirlo contigo.

Quizás un día comprendas estas palabras: "Naciste para ser libre, no para ser esclavo de la frustración".

No has encarnado en el plano humano para sobrevivir.

No estas aquí para hacer lo que otros te digan.

No estás aquí para hacer lo mismo que los demás.

No estás aquí para luchar o pelear contra nadie ni contra nada.

No estas aquí para pasar tus días como se te acostumbró desde soflamas llenas de exigencia e inconsciencia.

Has encarnado en el plano humano para ser lo que genuinamente eres y desarrollar plenamente todos los potenciales que atesoras.

Estás aquí para ejercer tu voluntad en total libertad.

Estás aquí porque siempre has sido libre y libremente designaste un estar aquí un tanto confuso.

Estás aquí para romper esa confusión desde la libertad de pensamiento propio, de propia opinión, no a base de repetir lo que los demás piensan y luego proclaman.

Estás aquí para ejercer tu libertad y ayudar a la de los demás.

Estás aquí para manifestar con libertad lo que quieras, aunque no guste escucharlo.

Y todo ello lo conseguirás cuando empieces a tomar consciencia, a adquirir discernimiento y a equilibrar, armonizar y purificar todos los componentes y cuerpos que te constituyen como ser humano.

Ser libre es algo que puedes disfrutar y gozar. Y cuando decides hacerlo, el único problema, si se le quiere considerar como tal, es encontrar que los demás no piensen como tú, no hagan como tú y, encima, se opongan a tu libertad.

Naciste desde la libertad para ejercerla. ¡Empieza, ya va siendo hora!

========================
Autor: Deéelij & Emilio Carrillo
========================

Publicado en el Blog EL CIELO EN LA TIERRA

En general el texto es un reflejo claro de mi estado de conciencia en este momento. Pero sin duda la frase que más me ha llegado es esta:

"Estás aquí para ejercer tu libertad y ayudar a la de los demás."

Saber que puedo ayudar a los demás a sentirse un poco más libres me llena de orgullo y satisfacción.

Pero sin duda, la peor carcelera es nuestra propia mente. Por lo tanto, lo primero que hemos de cambiar todos para conseguir ese estado de libertad, son nuestros propios pensamientos. Ellos son los que nos mantienen en el lugar donde estamos, y no nos permiten estar donde nos gustaría.

Si tu cambias, todo cambia. Sobre todo si cambias tus pensamientos.

CAPÍTULO 10

LA RESPONSABILIDAD

Llegados a este punto, quiero aclarar el significado de la palabra libertad.

¿Qué significa ser libre? Ser libre no es hacer lo que uno quiera, sino tener la capacidad de tomar decisiones sobre la propia vida.

El gran filósofo Descartes, tenía una visión del hombre que decía que éste estaba compuesto por la suma de dos sustancias: alma y cuerpo. Estas dos sustancias serían independientes la una de la otra, lo que traería consigo la visión dualista del ser humano.

El alma como cosa pensante es inmaterial y el cuerpo es material. Todo lo material está sometido a las leyes mecanicistas. El alma, al ser inmaterial, no está sometido a esas leyes. Por este motivo, el ser humano se situará a caballo entre el cuerpo (sometido a leyes y por lo tanto sin libertad) y el alma (totalmente libre).

Lo que Descartes venía a decir es que las decisiones referentes al alma, que son las que no están reguladas por las leyes, son las que más libres hacen al hombre. Para él nuestra voluntad es libre y lo será más cuanto más elija.

Yo podría añadir entonces que cuantas más decisiones tomemos referentes a nuestra alma, más libres nos sentiremos

Es decir, tomar las riendas de nuestra propia vida y responsabilizarnos de nuestros actos, asumiendo las consecuencias que de ello pueden resultar, tanto positivas como negativas, nos llevan a sentirnos un poco más libres.

Mi libertad no implica que reste libertad al otro. Por el contrario, mi libertad puede conllevar que el otro se sienta más libre también. Y como ya he mencionado alguna vez, sobre todo en un ámbito familiar y de amigos, el ayudar para que el otro se sienta libre, te ayudará a ti a liberarte un poco más.

Y para sentirte un poco más libre, lo primero que tenemos que saber es que ello implica hacerte responsable de tu vida y adquirir unos compromisos.

Nada es gratis, y la libertad mucho menos.

El problema es que ya desde pequeños no nos enseñan qué es eso de las responsabilidades.

Cada niño en su medida, y a su edad, ya puede ir adquiriendo unas responsabilidades, que muchas veces los padres nos empeñamos en asumir por ellos.

Tememos que lo hagan mal, que se equivoquen y como consecuencia que sufran. Pero he de decirte, que eso es muchas veces necesario para que aprendan algo que les servirá durante toda su vida.

No les ayudamos en nada evitándoles pasar por esa experiencia. Les estaremos robando una lección que si no la reciben ahora, con toda seguridad recibirán en un futuro y quizás las consecuencias sean mayores.

Pero no sólo eso. Asumiendo nosotros las responsabilidades y obligaciones de nuestros hijos, también les estamos quitando un sentimiento al que se llega cuando ellos se hacen responsables, y al llevar a cabo una actividad o un proyecto, consiguen superarlo y obtienen los resultados que querían.

Es importante aquí la confianza en nosotros mismos, elemento imprescindible en la autoestima, que se va formando a través de lo que vamos logrando y en especial del refuerzo de nuestras figuras clave.

Cuando confiamos en nuestros hijos, ellos adquieren confianza en sí mismos.

Aquí es importante que esa confianza en nuestros hijos no sea de "boquilla". Sino que sea sincera y con hechos. Si les decimos: "Confío en ti, pero no te dejo que hagas eso", ellos verán siempre los hechos y no las palabras.

Confiar en ellos implica:

* Dejarles hacer cosas para que obtengan sus propios resultados, aunque se equivoquen. En el momento en que lo hagan, ayudarles a rectificar.

* Mostrarnos vulnerables y contarles también cómo nos sentimos. No hace falta manifestar siempre una imagen dura de persona que nunca se cae y siempre está a tope de energía. De lo contrario les estaremos mostrando una mentira.

* No hacer de detective y espía ante cada cosa que hagan.

* Preguntarles sobre sus opiniones y escuchar de manera activa lo que tienen que decir.

* Demostrar interés por su aportación y compartir opiniones, aunque no estemos de acuerdo.

* Hacerles responsables de pequeñas cosas en casa.

* Valorar sus aportaciones.

Y os voy a poner un ejemplo muy sencillo e insignificante, pero que me hizo ver aun más claro esto que os estoy contando.

Desde que hace año y medio empecé a trabajar como dependienta en una panadería, mis horarios de trabajo, aunque son muy buenos, me restan tiempo para hacer las cosas que antes podía hacer sin ningún problema, porque estaba en casa todo el día.

En casa ahora vivimos mis dos hijos y yo.

Les expliqué que era muy importante la colaboración de ellos dos en casa, para que así la vida de los tres pudiera mejorar gracias a los ingresos que ahora tendríamos.

Así dicho puede parecer que les cargaba a ellos con una responsabilidad que me correspondía a mí, pero no era así. Les pedía una colaboración en este barco en el que ahora navegábamos los tres. Y así se lo expliqué.

Hace unos días le dije a mi hijo que le tocaba a él sacar la ropa de la secadora y repartirla a cada una de las habitaciones, para que después cada uno coloque la suya. Así lo hacemos siempre.

Pues lejos de protestar, como podía haber sido el caso en un niño de 11 años, cuando estaba por el pasillo con el cesto de la ropa, le oigo decir:

- ¡Que bien me siento!

- ¿Por qué? Le pregunté yo.

- ¡Pues porque siento que con mi ayuda estoy colaborando a que este barco siga a flote!.

Os puedo asegurar que me hizo emocionarme. Tuve unos sentimientos de satisfacción, orgullo, alegría y felicidad que no os puedo transmitir con palabras.

La forma de educar a mis hijos les está dando alas para sentirse libres. Para ser independientes en un futuro. Porque aparte de colaborar en casa, les estoy enseñando a valerse por sí mismos. Aprendiendo habilidades que sin duda en un futuro les harán falta en su vida, aunque sea el simple gesto de colocar la ropa.

En otra ocasión en vez de mandárselo, lo hubiera hecho yo. Seguramente hubiera pensado: ¡Pobre! ¡Anda lo haré yo! ¡Que siga jugando! ¡Total es un niño!

Y ese sentimiento de satisfacción es el que os quiero explicar que si no les dejamos que hagan ciertas cosas, les estaremos privando de tener.

Ese sentimiento repetido en el tiempo por acciones pequeñas o grandes, les dará a nuestros hijos una seguridad y autoestima que les servirá para el resto de su vida.

RESPONSABILIDAD  AUTOESTIMA

Cuando sean mayores y tengan que llevar a cabo un trabajo o proyecto, o quizás encontrar una pareja, no les parará el miedo a equivocarse. Por el contrario, les motivará mucho el hecho de conseguirlo y que les salga bien.

Aunque te cueste, no transmitas tus miedos a tus hijos. Muchas veces el problema es ese. Nuestros miedos como padres a que los hijos sufran y no acierten a la primera. Miedos que con toda seguridad nos han transmitido también a nosotros nuestros padres o hemos adquirido en anteriores experiencias que nos salieron mal.

Por lo tanto, seas padre o hijo o las dos cosas, quizás con esto que te acabo de contar puedas entender mejor alguna situación que hayas vivido.

Ahora poniéndome en el papel de hija, lo importante es la empatía. Es decir, ponerse en el lugar de los padres y entender porqué hicieron las cosas de cierta maneЯa.

A pesar de que con todas sus fuerzas quieren lo mejor para ti, es inevitable que según sus experiencias te transmitieron sus miedos y no entendieron que ese aprendizaje era justo el que tú necesitabas para aprender, y evitarte así un sufrimiento quizás más grande en el futuro.

Por lo tanto, sólo te queda perdonarles por actuar así, o perdonarte a ti si te culpas por no haber logrado algo o que te saliera mal. Piensa en lo que sacaste de positivo con lo que ocurrió. Siempre hay un aprendizaje de todo lo que pasa, aunque sea con dolor o sufrimiento.

Una estrategia que aprendí y me ha servido muchas veces en mi vida, era cambiar la típica pregunta:

¿Por qué me pasa esto a mí?

Por otra que te lleva a conclusiones muy diferentes y es:

¿Para qué me pasa esto a mí?

Al cambiar la pregunta, en muchas ocasiones he encontrado la respuesta. Aunque esa respuesta me llevaba a que lo que me había ocurrido era por algo que yo misma había creado, debido a mis creencias. O por algo que aún no había aprendido y se volvía a repetir.

Eso es hacerse responsable de la propia vida. Asumir las consecuencias de nuestros actos.

CAPÍTULO 11

EL PERDÓN

"El perdón cae como lluvia suave desde el cielo a la tierra. Es dos veces bendito; bendice al que lo da y al que lo recibe".

William Shakespeare

Otro acto necesario para poder sentirte libre y avanzar en tu vida, es sin duda el perdón. El perdón hacia los demás por un daño que te hayan podido hacer en un momento dado, pero también y más importante aún, el perdón hacia ti mismo.

Perdonar significa disculpar a alguien que nos ha ofendido o no tener en cuenta su falta. "Perdonar" viene del griego y significa literalmente "dejar pasar", como cuando una persona deja de exigir que se le pague una deuda.

Perdonamos a otros cuando dejamos de guardar resentimiento y no insistimos en pedir una compensación por el daño que nos hayan hecho o por la pérdida que hayamos podido sufrir. El perdón se basa en el amor sincero y el amor no tiene en cuenta el daño.

Respecto al perdón hacia los demás, entender que en el momento en el que decidieron actuar así, quizás fue con la firme convicción de que era lo correcto. Que ellos seguramente no pensaban que podían ocasionarte ningún mal. Desde su estado de conciencia de ese momento, no pudo ser de otra manera. Era como ellos lo veían, sin pensar en las consecuencias.

Aunque también puede ser que lo hicieran con plena conciencia del daño que te hacían. Si es así, solo te queda la compasión, porque desde luego alguien que actúa conscientemente para hacer un daño, es un claro reflejo de lo que hay en su interior. Y por supuesto no es nada que tenga que ver con el amor. Ya no amor por el prójimo, sino por sí mismo. Quizás sea un infierno lo que tengan dentro y eso es justo lo que sale fuera.

Todo acto tiene una consecuencia y en este mundo en el que vivimos, nada queda impune. Te lo aseguro.

Aunque no lo creas, de una manera u otra, el causante de algún sufrimiento, daño o perjuicio, recibe su merecido. Aunque no siempre es de la misma manera o de la misma fuente y quizás por eso cuesta más ver que eso que pasó después, fue la consecuencia de algo que se hizo tiempo antes.

Por ejemplo: tú puedes estafar a tu seguro para sacarle algo de dinero con una mentira, y con toda seguridad tendrás una pérdida o daño equivalente o incluso superior.

No lo relacionarás, porque quizás no tenga que ver con el tema y ocurra pasado un tiempo, pero una cosa será la causa de la otra. Y el único responsable de ello serás tú.

Lo justificarás y encontrarás mil excusas para hacerlo, pero en el fondo sabes que no es lo correcto. Porque es de tontos no hacerlo ¿no? ¡Si todo el mundo lo hace! ¡Pues yo no voy a ser menos!¡Al menos saco algo!

Pero lo mismo ocurrirá si haces el bien. Por eso habrás oído muchas veces eso de haz el bien y no mires a quien. Todo lo que hagas se te devolverá multiplicado. Sea bueno o malo.

Respecto al perdón a nosotros mismos, quizás sea incluso más complicado.

Pienso que cuesta más perdonarse a uno mismo por haber causado un daño, o habértelo ocasionado a ti mismo, que perdonar a los demás.

Es el caso de personas que han consumido drogas, alcohol o han tenido cualquier tipo de adicción.

Las personas que han pasado por alguno de estos casos, les cuesta superarlo porque en el fondo hay en ellos un gran sentimiento de culpa por el daño que han ocasionado. Primero a sí mismos y después seguramente a sus familias.

Si te encuentras en tu vida en una situación así, lo primero supera la culpa o ayuda a superarla a la persona que la está sufriendo, y verás que la recuperación es mucho más fácil.

Nadie puede avanzar en la vida si se sigue culpando o le siguen culpando por un error que en un momento de su vida cometió. Es una carga muy pesada para llevarla a cuestas.

Pero como lo de fuera es un reflejo de lo que hay dentro de uno mismo, si te encuentras que te siguen culpando de algo, es casi con toda seguridad de que aun sigues castigándote a ti mismo por eso que no eres capaz de dejar atrás.

No lo supiste hacer mejor. Todos cometemos errores. Como ya sabes, lo importante es aprender de ellos.

Una curiosidad que me ha llamado mucho la atención, es precisamente lo que la Biblia dice al respecto sobre el tema del auto perdón.

¿Qué dice la biblia acerca de perdonarte a ti mismo?"

La biblia nunca habla acerca de la idea de "perdonarte a ti mismo". Se nos dice que debemos perdonar a otros cuando ellos nos ofenden y buscan el perdón. Cuando pedimos el perdón de

Dios basados en que Cristo ya ha pagado por nuestros pecados y ya hemos sido perdonados.

Es tan sencillo como eso y sin embargo, aunque somos liberados de la esclavitud del pecado, seguimos muchas veces revolcándonos en él y actuamos como si no estuviéramos libres todavía. Así mismo, con sentimiento de culpa, podemos aceptar que ya hemos sido perdonados o podemos seguir creyendo la mentira de que todavía somos culpables y por lo tanto debemos sentirnos culpables.

Mi conclusión de todo esto es que en general nos resulta más fácil perdonar a los demás que a nosotros mismos, incluso cuando hay arrepentimiento desde lo más hondo de tu corazón.

El no perdonarnos, implica que seguiremos teniendo ese sentimiento tan destructivo que es la culpabilidad y como consecuencia, no nos creeremos merecedores de nada bueno que pueda llegar a nuestra vida.

Y si llega, como en el fondo piensas que es demasiado bueno para ti, pues sencillamente desaparece. Tus deseos son órdenes. Y cuando se va dices: ¿Ves como no podía ser? Y ya te quedas satisfecho aunque eso tan maravilloso que te había llegado, se vaya. Confirma tu creencia de que no te lo mereces.

Mi consejo es que cuando algo bueno te llegue, simplemente te digas a ti mismo: ¡Bien! Si esto tan maravilloso ha llegado hasta mí, es porque me lo merezco. ¡Acéptalo! ¡Agradece que llegó! Y seguro se quedará y atraerás más de lo mismo. No te sigas castigando. ¡Ya has sido perdonado!

Por esta razón, mi experiencia me ha llevado a que trabajar el perdón hacia los demás, y sobre todo a uno mismo, es la mejor forma de avanzar y así no cerrar las puertas a la abundancia en ningún área de tu vida: salud, dinero y amor.

Hay una frase que me encanta del libro Sanación del Alma de Lain García Calvo, correspondiente a su saga LA VOZ DE TU ALMA, escritor y mentor al que admiro enormemente, que resume esto que os acabo de decir.

La GRATITUD despierta al universo, Pero el PERDÓN desata su poder.

Primero agradecimiento por aquello que tenemos y después perdón.

¿Qué nos puede ayudar a perdonar?:

1. Recordar qué implica el perdón. No significa que consideramos que está bien lo que sucedió ni que nunca pasó. Sencillamente lo pasamos por alto.

2. Pensar en los beneficios de perdonar. Dejar de sentirnos enojados o de guardar rencor nos ayudará a estar más calmados, mejorará nuestra salud y nos permitirá ser más felices .Y, lo que es más importante, perdonar a los demás es imprescindible para que nosotros seamos perdonados.

3. Ser comprensivos. Puesto que deseamos que los demás perdonen nuestros errores, nosotros también debemos perdonar los suyos.

4. Actuar de inmediato. Esforzarse por perdonar enseguida en vez de dejar que se intensifique la ira. Cuanto más tiempo pase hasta perdonar, más grande se hará ese dañino sentimiento que nos corroe cuando lo tenemos.

Pero si hay una figura importante en la vida de toda persona, esos son nuestros padres. Debido en la forma que nos educaron y lo que recibimos o no recibimos de ellos, sobre todo cuando fuimos niños, nos hace experimentar sentimientos de rabia y odio contra ellos.

Suena fuerte, pero es así. Las personas más cercanas a ti son con las que tienes sentimientos más potentes, ya sean de odio o de amor.

Pues de eso y del perdón hacia ellos vamos a tratar en las siguientes páginas.

CAPÍTULO 12

EL PERDÓN HACIA TUS PADRES

"El perdón libera el alma, elimina el miedo. Por eso es un arma tan poderosa".
Nelson Mandela

Para poder crecer como personas, debemos aprender a perdonar aquellos posibles errores que cometieron nuestros padres, ya que ni la maternidad ni la paternidad vienen con libro de instrucciones.

Si este es tu caso, debes perdonar a tus padres por las carencias afectivas que te han provocado, por el tiempo de mala calidad que te hayan brindado o por todo el dolor en forma de maltrato físico o psicológico que te hayan podido dar.

Puede que hayas tenido una infancia plena y que tus padres te hayan sabido dar toda la felicidad que podían, pero desgraciadamente esto no ocurre siempre y hay muchas personas que no tuvieron esa suerte.

Es posible que hoy estés sufriendo todas las consecuencias de estos actos que juzgas, que te duelen y que provocan que guardes cierto rencor a tus progenitores.

Sin embargo, si lo piensas bien, seguramente ellos lo hicieron lo mejor que pudieron, y tú, en su lugar, con sus experiencias y su situación, **quizás hubieses acabado haciendo lo mismo.**

¡PERDONA A TUS PADRES PORQUE NO LO HAN SABIDO HACER MEJOR!

Perdónales porque nadie les ha enseñado a cumplir este importante papel que han decidido tomar. Toma conciencia de que muchas veces por tu mente asoma esa frase que muchas personas dicen: "¡Pues que no me hubiesen tenido!".

Esto es algo que tus padres no se merecen oír. Es verdaderamente injusto. ¿Cómo te sentirías tú si tu hijo te dijese eso? Y todo por el hecho de no haber sabido hacerlo mejor.

Además, como te decía antes, perdona a tus padres para así perdonarte también a ti mismo cuando te encuentres cometiendo errores parecidos o de cualquier otro ámbito con tus hijos, si decides tenerlos.

Nadie está libre de equivocarse y menos aún cuando tiene entre sus manos la educación y la responsabilidad de criar a otro ser humano.

Perdona a tus padres porque, aunque no lo creas, sus equivocaciones y errores han tenido algo positivo.

¿Sabes qué es? Que tú al tomar conciencia de esto, puedes elegir otro camino y hacerlo mucho mejor. Ya sabes que no hay luz sin oscuridad, o frío sin calor. Si algo no quieres, ya sabes al menos para dónde no tienes que ir.

Sin embargo, si el rencor continúa llenando tu corazón, terminarás haciendo lo mismo que ellos, aunque no te des cuenta, o incluso mucho peor.

Por lo tanto, esto que en principio puede resultar incoherente, (Agradecer a tus padres sus errores contigo) es una bendición que te han regalado para que tú lo puedas mejorar.

Por este motivo me sentí tan agradecida el día que mi hija me dijo que lamentaba mucho lo que yo había sufrido y las experiencias dolorosas por las que había pasado, pero que ella se sentía muy dichosa porque sabía que eso me había hecho transformarme y así podía tener la madre tan especial que tenía. Una madre comprensiva con la que podía hablar y tener plena confianza.

Oír esas palabras de tu hijo es el regalo más grande que una madre o un padre puede recibir.

Todo el dolor anterior que hayas podido sentir y las duras experiencias por las que hayas pasado cobran sentido. Ya sabes que han servido para algo. Se disipa y se esclarece el propósito de esos acontecimientos que en su momento no entiendes para qué están ocurriendo.

En este caso el propósito era ser mejor madre y dar a mis hijos la mejor educación. Tener éxito en ese maravilloso propósito no tiene precio. La satisfacción que se puede sentir no se paga con todo el oro del mundo.

Libérate de esa mochila

En ocasiones, esa rabia hacia una infancia desastrosa provocada por unos padres que no han sabido hacerlo mejor, conlleva que durante años carguemos a nuestras espaldas una mochila llena de amargura y tristeza.

No sabemos el motivo, pero no encontramos la verdadera felicidad. Y es que hay algo que no queremos ver ni sanar.

Nuestro orgullo a veces es el que no perdona y nos quedamos esperando a que sea el otro quien venga a pedirnos disculpas, cuando en realidad, a lo mejor ni se imagina cómo tú te sientes y por lo que has pasado con el comportamiento que ellos tuvieron.

Entonces, ¿por qué extender más nuestro sufrimiento?

¡Es nuestra **FELICIDAD** la que está en juego!

Ya somos adultos y podemos elegir qué camino queremos seguir. Ya no estamos a merced de nuestros padres.

Ahora somos adultos que debemos dar ese primer paso. Lo cual no significa arrastrarse o humillarse ni darles la razón. Sólo aceptar que los principios o valores que nuestros padres nos inculcaron y enseñaron en la infancia, o su forma de educarnos, no los compartimos y queremos cambiarlos.

No somos responsables de la programación recibida en la infancia. Pero como adultos, somos cien por cien responsables de arreglarlo.

De todo se puede aprender

El daño provocado te hace sentir muy dolido y no te da confianza para darte cuenta de que si todo en la vida nos fuese bien, jamás podríamos aprender.

Curiosamente, es de aquellas experiencias más negativas y que más nos marcan, de las que conseguimos sacar los mejores aprendizajes. Esos que nos ayudan a crecer, a madurar y a ser mejores personas.

Tú decides si perdonar a tus padres y soltar esa mochila de un pasado ya lejano, o seguir viviendo con rencor y odio hacia esos progenitores que no lo han sabido hacer mejor.

Este es uno de los mejores pasos que puedes dar en tu vida, porque te liberará de esa pesada carga que ensombrece tu existencia y por lo tanto tu felicidad.

Y nadie que sea infeliz en su vida, consigue alcanzar la cima de ninguna montaña, que es precisamente donde se encuentran las mayores recompensas.

¡Trepa hacia tu montaña y que uno de los escalones sea el del perdón!

El perdón, por lo tanto, ya sabes que ha de estar presente en tu vida, si no quieres sentirte atado y cargar con una mochila que te dificultará el avance en tu camino.

MI MÉTODO PARA PERDÓNAR

Te contaré mi reciente método para perdonar y perdonarme. Y te digo reciente, porque en verdad hace poco que lo he llevado a cabo. Pero puedo asegurarte que ha funcionado y me ha reportado una tremenda paz interior.

Aunque ya te he explicado que todo lo que me ha ocurrido ha sido perfecto para mi crecimiento y evolución, seguía teniendo un dolor en mi alma que mantenía mi herida infectada.

Sabía que mi vida se había confabulado para que yo aprendiera lo que tenía que aprender. Que yo había atraído hasta mí a personas y circunstancias para crecer y poder desarrollar habilidades, que de otra manera no habría desarrollado.

Lo aceptaba con amor y entendía que todo había sido perfecto.

Pero tenía que haber algo más que yo pudiese hacer para recuperar el sosiego de mi corazón. Quería terminar de recuperar mi dulzura, mi pureza, mi inocencia y mi ilusión.

Volver a ser niña. Sentirme amada y protegida.

Pues utilizando la teoría del científico Albert Einstein, que decía que el tiempo es relativo, quise volver a nacer. ¡Como lo oyes! Decidí que volvería a este mundo otra vez, pero ahora sería una niña rodeada de personas que la amasen y cuidasen. Todos me tratarían con cariño. Mis padres, mis profesores, mis compañeros de colegio, mis familiares, mis amigos del barrio. Nadie me haría daño ni me diría cosas feas.

Pero no sólo eso. Fui más atrás aun en el tiempo y llegué hasta el momento en el que mis abuelos nacieron. ¡Mis cuatro abuelos volvieron a nacer!

Cada uno de ellos era criado con todo el amor del mundo. Sus padres eran personas llenas de amor y fue lo que les inculcaron y les dieron. Sé que eso no fue así, pero yo quise cambiarlo.

Les visualicé de pequeños. ¡Eran tan vulnerables!. ¡Cualquiera podría hacerles daño! Pero no. Sus padres les abrazaban y les daban continuamente amor.

Fueron creciendo y ¿adivinas cómo fueron sus vidas? ¡Exacto!

Se convirtieron en adultos amorosos incapaces de hacer daño a nadie.

Había paz en sus corazones. Reían y siempre estaban de buen humor.

Había armonía en el hogar y todos se trataban con respeto y comprensión.

Eso me llevó a tener una niñez distinta. Mi pureza y mi dulzura no se vio enturbiada por ningún hecho doloroso que tuviera que enterrar.

Si nuestro presente determina nuestro futuro y nuestro pasado ha determinado nuestro presente. ¿Qué impedía que yo pudiera cambiar lo que viví en el pasado para poder experimentar en el presente cosas distintas?

Pues eso hice, decidí cambiar lo que sentí en mi pasado, para así poder ser otra persona y pensar de otra manera en mi presente. De esa manera me sería más fácil cambiar mi forma de actuar para que mi futuro pudiera ser más próspero y abundante.

Ya no tendría sentimientos de odio y rencor. Sólo habría un corazón lleno de amor. Sin coraza. Sin cerradura. Libre para amar y ser amado. Yo sería amor.

A las personas a las que más nos cuesta perdonar, y por tanto querer, son precisamente las que más amor necesitan.

Tengo que aclarar que mis padres no fueron ni mucho menos unos monstruos. Simplemente no me dedicaron el tiempo y la atención que a mi me hubiera gustado que me dedicaran, y no me trataron de la manera que yo necesitaba. Ellos ignoraban todo eso. No se imaginaban ni mucho menos lo que yo sentía.

Por eso insisto tanto en una buena comunicación entre padres e hijos. Con total libertad para expresar sentimientos desde la más absoluta sinceridad. Con amor y comprensión. Escuchando y poniéndonos en la piel del otro para poder entender lo que siente.

Estoy segura que esta sería la solución a muchos de los problemas en la mayoría de los hogares: Hablar, hablar y hablar.

Y como también decía Albert Einstein, el amor es el arma más poderosa. ¡Todo lo puede!

Quiero compartirte un trozo de la carta que Einstein le escribió a su hija, a la que no conoció nunca. En la que habla precisamente del amor. Y como el tiempo no existe, él daba por hecho que su hija conocería el contenido de esa carta. Cuando la leí me pareció preciosa. Aquí la tienes.

"Tras el fracaso de la humanidad en el uso y control de las otras fuerzas del universo, que se han vuelto contra nosotros, es urgente que nos alimentemos de otra clase de energía. Si queremos que nuestra especie sobreviva, si nos proponemos encontrar un sentido a la vida, si queremos salvar el mundo y cada ser sintiente que en él habita, el amor es la única y la última respuesta.

Quizás aún no estemos preparados para fabricar una bomba de amor, un artefacto lo bastante potente para destruir todo el odio, el egoísmo y la avaricia que asolan el planeta. Sin embargo, cada individuo lleva en su interior un pequeño pero poderoso generador de amor cuya energía espera ser liberada.

Cuando aprendamos a dar y recibir esta energía universal, querida Lieserl, comprobaremos que el amor todo lo vence, todo lo trasciende y todo lo puede, porque el amor es la quinta esencia de la vida.

Lamento profundamente no haberte sabido expresar lo que alberga mi corazón, que ha latido silenciosamente por ti toda mi vida. Tal vez sea demasiado tarde para pedir perdón, pero como el tiempo es relativo, necesito decirte que te quiero y que gracias a ti he llegado a la última respuesta!.

Tu padre.

Este método que yo utilicé no es científico ni tiene nombre, pero a mí me ha servido. Si quieres probarlo tú, adelante. No tienes nada que perder.

Sólo unos momentos de relajación, cerrando los ojos e imaginando a las personas que tú quieras cómo vuelven a nacer y sólo reciben amor incondicional.

No te olvides de ti. Vuelve a nacer. Y ¡Enhorabuena!

Tienes otra vida por delante. Y en esta ya no habrá nada que perdonar y nada que perdonarte, porque habrás sido otra persona distinta con autoestima, sin culpa, sin apegos. Tu ingrediente único y exclusivo será el amor ¡Disfruta esa nueva vida!

Ama, ama y ama.

¿TE SIENTES LIBRE?

CAPÍTULO 13

LA SOLEDAD

"No puedes estar en soledad si te gusta la persona con la que estás solo." WAYNE DYER

Esta frase refleja hoy mi estado de ánimo. A pesar de levantarme y estar sola, me siento completamente acompañada. Antes de empezar este camino hacia mi libertad, y aun encontrándome rodeada de mucha gente, me sentía muy sola.

Hoy es totalmente distinto. Es muy gratificante este sentimiento de paz interior contigo mismo. Prescindir de esa necesidad de tener a alguien a tu lado por el simple hecho de no estar sólo. Aunque como te digo, sea una compañía con la que a fin de cuentas, sigas sintiendo esa soledad.

Y no quiero decir que me guste estar sola. Todo lo contrario. Me encanta estar con la gente, hablar, reír y pasármelo bien con ellos. Pero la soledad ha sido un proceso importante y necesario por el que he tenido que pasar para conocerme a mí misma y sentirme acompañada aunque esté sola.

No podemos huir de nosotros mismos. Si lo que llevas dentro no te gusta, da igual donde vayas. Te perseguirá.

Una vez escuché una historia en la que contaba que había un señor sentado en un banco a la entrada de un pueblo. Llegó un viajero y le dijo:

-¡Buenos días! Disculpe. Estoy buscando un pueblo como lugar

de residencia y me gustaría saber cómo son los habitantes que aquí viven!

El señor que estaba allí sentado le respondió con otra pregunta:

-¿Cómo eran los habitantes del pueblo del que usted viene?

- ¡Eran muy mala gente, envidiosos, mentirosos y unos vagos! Contestó el forastero.

- ¡Pues los de aquí son iguales! Le dijo el señor.

Y el forastero, ante esa respuesta del aldeano, se alejó a buscar otro pueblo.

Al rato llegó otro forastero y le preguntó lo mismo al señor que estaba sentado en el banco :

-¡Buenos días! Disculpe. Estoy buscando un pueblo para vivir y me gustaría saber cómo son los habitantes que hay en este!

El señor le preguntó lo mismo que al anterior:
-¿Cómo eran los habitantes del pueblo del que usted viene?

-¡Maravillosos! ¡Una gente estupenda, todos muy amables, muy trabajadores y dispuestos a ayudar a cualquiera! Contestó el viajero.

- ¡Pues aquí son así precisamente! Le dijo el aldeano.

El viajero se puso muy contento con la respuesta del aldeano y se adentró en el pueblo a buscar una casa para alojarse.

Otro aldeano que estaba allí al lado del señor del banco, le preguntó que por qué les había dicho cosas distintas a cada uno de los dos viajeros y el señor le contestó:

-¡Cada uno de ellos encontrará allá donde vaya, aquello que lleva en su interior!

Lo que quiero decirte con esta historia es que no puedes huir de ti mismo. Lo que llevas dentro te perseguirá allá donde vayas. Si tienes odio y rencor, no puedes pedir encontrar amor y comprensión. No son compatibles.

Si en tu vida buscas amor, primero has de llenar de amor tu corazón, y vaciarlo del posible odio, rencor y resentimiento que en él puede habitar.

Pero para ello hace falta un proceso por el que sin duda has de pasar tú. Enfrentándote a ti mismo y mirándote al espejo. Aunque no te guste lo que ves al principio. Pero sabiendo que eres tú el que puedes cambiarlo. Nadie más va a hacer ese trabajo por ti.

Un amigo le preguntó en una ocasión a Nelson Mandela que cómo había hecho para dejar de ser el machista redomado que era de joven y convertirse en el defensor de los derechos de la mujer. Respondió que en la cárcel tuvo mucho tiempo para leer y pensar.

"Yo era un joven agresivo y arrogante. Mis 27 años de cárcel me hicieron comprender lo importante que es la tolerancia. Que no hay tiempo para la amargura, sino para la acción".

Mandela aprovechó la estancia en la cárcel para erigirse en el primer presidente negro de Sudáfrica: *"La celda es el lugar idóneo para conocerte a ti mismo. Me da la oportunidad de meditar y evolucionar espiritualmente"*, escribió en una carta a su mujer desde la cárcel.

Por eso es tan importante la soledad. Ella es la que te va a dirigir hacia esa limpieza que necesitas. No luches contra ella. Dale la bienvenida y abre tus brazos hacia todo lo que te pueda enseñar.

Mucha gente no se atreve a encontrarse de frente con su reflejo y prefieren no mirar al espejo. Pero tengo que decirte que esa no es la solución.

Llenar tu vida de personas simplemente porque ocupen sitio no te dará la felicidad. Al contrario. Llegará el momento en el que se volverá un infierno porque probablemente se conviertan en relaciones de dependencia, de necesidad o de apego. Y sientas que sin esas personas tu vida no tiene sentido y que no puedes vivir si ellas no están.

Pero no es cierto. Aprende a ser independiente en todos los sentidos y elige a personas en tu vida, no por necesidad, sino porque quieras compartir con ellas ese estado de felicidad que previamente ya has conseguido descubrir por ti mismo.

No puedes hacer responsable de tu felicidad a nadie, ni nadie puede hacerte responsable de la suya.

Cuando me estaba divorciando, una persona del entorno de mi ex marido me dijo: ¡Vuelve con él y hazle feliz! ¡Ufff!. Escribirlo me rechina, pero ya he aprendido que no soy responsable de la felicidad de nadie. Aunque en ese momento quisieran cargarme con algo tan pesado.

Esa era la creencia de esa persona. No la mía.

Para mí, mi tiempo de soledad ha sido precisamente el que me ha hecho mirarme de frente y ver lo que me gustaba de mí y sobre todo, lo que no me gustaba para poderlo transformar.

No ha sido fácil. Te lo aseguro. Aun tengo que transformar más cosas, pero me siento orgullosa por tener el privilegio y la humildad de aceptar que no soy perfecta. He cometido fallos en mi vida y seguro los seguiré cometiendo. Pero aprenderé de ellos.

¡Mi camino continúa y el tuyo también!

CAPÍTULO 14

RELACIONES SIN APEGO

"Si amas una flor, no la recojas. Porque si lo haces morirá y dejará de ser lo que amas. Entonces si amas una flor, déjala ser. El amor no se trata de posesión. El amor se trata de apreciación."

OSHO

Las mejores relaciones para vivir una vida plena y en libertad son aquellas carentes de apego. Relaciones que no son de necesidad, sino de voluntad. Lo que ocurre que muchas de nuestras relaciones son impuestas, como es el caso de las familiares.

Lo ideal sería tener relaciones sanas con familiares y amigos y mucho más con la pareja con la que convivimos cada día.

A veces te ves atrapado en situaciones de las que no sabes cómo salir porque sientes culpabilidad de dejar atrás algo, o mejor dicho a alguien, que te hace sentir mal o no te deja avanzar.

Amar a una persona implica una entrega profunda, que muchas veces se termina por convertir en apego. La diferencia es que cuando se siente apego y no amor, empiezan problemas de celos, dependencia y otras sensaciones que son engaños de la mente y que pueden perjudicar lo saludable del vínculo con una persona.

Esto ocurre con más frecuencia de lo que pensamos, pero no por eso debe normalizarse.

Mantener relaciones libres de apego en tu vida te dará libertad para elegir. Depender emocionalmente de alguien, sea familia,

amigos o pareja, te mantendrá atrapado a algo que no quieres, porque entre otras cosas y debido a ese tipo de relación tóxica, no podrás ser tu mismo.

¿Pero qué es eso de la dependencia emocional?

Es un estado psicológico que a veces se da en relaciones de pareja, familia o incluso con amigos.

En dosis extremas, podría ser calificada como una adicción más. Por supuesto tratable y solucionable. Lo que ocurre es que muchas personas ni siquiera saben que son víctimas de una relación de dependencia.

Estas relaciones se caracterizan por ser inestables, destructivas y marcadas por un fuerte desequilibrio, donde el dependiente se somete, idealiza y magnifica al otro.

El dependiente suele ser una persona con bajos índices de **autoestima** y su salud física y mental se puede ver afectada. Pese a lo dañino de la relación, el dependiente es incapaz de cortar con ella.

Yo empecé a darme cuenta de ello cuando leí por primera vez el libro de Walter Riso "¿Amar o Depender?" en el que trataba el tema de la dependencia emocional en pareja.

Hablaba de cómo a veces estamos en pareja porque tememos a la soledad y a la ruptura, aunque nuestras relaciones sean vacías o incluso destructivas.

Los dependientes emocionales tienen una excesiva necesidad de afecto a lo largo de sus diferentes relaciones. Muestran una clara resistencia a perder esa fuente de seguridad y afecto que constituye una relación del tipo que sea.

Aunque también existe y está tipificada como tal la "Dependencia Instrumental". Es una dependencia que se produce en el ámbito económico o material y no en el de los afectos. Pero que a fin de cuentas te puede llevar a permanecer al lado de una persona que lejos de hacerte crecer, puede hacer que te sientas anulado continuamente, por el mero hecho de tener cubiertas tus necesidades materiales.

Características del dependiente emocional

A una relación de dependencia emocional, evidentemente no llega todo el mundo. Se llega a ello por ser de una determinada manera. Algunas de las características de esas personas son:

* **Baja autoestima**: la cual se ve deteriorada en la relación.

* **Miedo a la soledad**: no conciben la vida sin alguien a su lado. No les gusta la idea de estar a solas consigo mismos.

* **Estado de ánimo disfórico** (tristeza y depresión): los trastornos más comunes y que prevalecen son la ansiedad y la depresión. Tienen sentimientos negativos como culpa, preocupación y sensación de vacío que solo llenan con la presencia de la otra persona.

* **Lugar prioritario de la relación**: en el caso de la pareja, la anteponen al resto de familiares, amigos, obligaciones, etc. Dedican su tiempo y esfuerzo a su pareja en exclusiva, descuidando otros aspectos de su vida.

* **Necesidad de acceso contínuo al compañero**: para el dependiente, lo ideal sería pasar el mayor tiempo posible con la otra persona, llegando a resultar agobiante e incómodo para ella.

* **Autoanulación**: Renunciar a ser ellos mismos. Con el fin de agradar. Pueden llegar incluso a aceptar realizar determinados actos que les parezcan denigrantes, o no les reporten ninguna satisfacción.

*** Deseos de exclusividad**: El dependiente deseará una exclusividad recíproca, donde el centro de la vida sea él. No dudan en aislarse del mundo para pasar más tiempo con su pareja por ejemplo.

*** Necesidad de agradar**: no solo a su entorno cercano, sino también a los desconocidos. Les preocupan las críticas y el rechazo del resto. Llevan a cabo comprobaciones para asegurarse que los demás les acepten.

*** Déficit de habilidades sociales.** Les cuesta socializar y tienen pocas herramientas para ello.

*** Ocupar un papel inferior en la relación**. Se sienten inferiores y ensalzan en exceso a la otra persona.

Puede que te hayas visto identificado con alguna de estas características. Para ser una persona emocionalmente dependiente, no tienen porqué darse todas ellas a la vez. De hecho algunas están más enfocadas a las relaciones de pareja.

Pero como sabes, hay muchas relaciones de dependencia que se salen del ámbito de la pareja, como pueden ser las de familiares o amigos.

Pues como te digo, si algunas de estas características te han resonado dentro, observa y siente si las relaciones que tienes en la actualidad son todo lo sanas que tú pensabas, o por el contrario son relaciones en las que existe apego, y hay algo que puedas hacer con ellas para que se vuelvan mucho más ricas y puedas sentirte más libre.

Por ejemplo, podríamos analizar el caso de que no sintieras que tienes la autoestima suficiente. Y necesitas estar con esa persona porque no te crees capaz de valerte por ti mismo.

Pues no te preocupes, porque eso no es algo que tenga que quedarse así. Tiene solución. Hay muchas formas de que tu autoestima crezca y por supuesto, el primer resultado es que tú te sientas mejor contigo mismo.

Toda relación no ha de acabar en ruptura. No tienes por qué dejar de relacionarte con un padre, una madre, un hermano o una pareja. Solamente adquiere esa autoestima necesaria para poder manejar esas relaciones y que no sientas que merman tu libertad.

Elige estar con ellas porque quieres, no porque no te quede más remedio.

Trabaja en ti y vuélvete alguien que se siente valioso y deja de mendigar amor o cualquier otra cosa que te ate. Consigue relaciones libres de apego.

Porque el desapego permite encontrarse con lo que realmente puede ofrecer el otro. Sin falsas esperanzas o teorías sobre el amor, será más fácil querer a alguien por quien realmente es y, al mismo tiempo, ser nosotros mismos sin miedo a ser rechazados. Recuerda que el desapego no es sinónimo de dejar de querer. Al contrario, es un gran paso hacia un compromiso más estable y real, fundamentado en el amor.

Si tienes hijos y haces esto, les estarás dando la mejor lección que un padre puede darle a su hijo. Cuando ellos vean que tú no te conformas con estar al lado de alguien por el simple hecho de su protección, su manutención o su compañía, no dudes que ellos copiarán tu decisión y no se venderán a nadie .Y no sólo cuando sean mayores y se encuentren en medio de una relación de pareja, sino ya desde niños con sus compañeros de colegio.

¡Cuantos niños y jóvenes hay que se dejan llevar por sus compañeros de colegio, y hacen cosas para ser aceptados, aun sabiendo que no es bueno para ellos!.

Si ya desde pequeños, y sobre todo los padres, les dotamos con esa herramienta tan necesaria que es la autoestima, les ahorraremos a ellos muchos posibles problemas, y por consiguiente a nosotros.

Tus hijos no harán lo que tú les digas, harán lo que te vean hacer.

He visto casos de padres o madres que sufren porque ven que sus hijos tienen relaciones de dependencia y control por parte de sus parejas, pero no se dan cuenta de que ellos están viviendo ese mismo tipo de relación y no son capaces de salir de ella, quizás porque no puedan, no quieran o simplemente porque ni siquiera se hayan dado cuenta, el tipo de relación dependiente en el que llevan viviendo tantos años.

Y si lo han visto y no actúan, puede ser porque a lo mejor lo que han de hacer para cambiar esa situación, les obliga a hacer cosas que nunca antes habían hecho. Es decir. Les obliga a salir de su zona de confort.

Aquella en la que te quedas por no superar los obstáculos necesarios para estar mejor, a pesar de que sabemos que en ella no estamos todo lo bien que nos gustaría.

Parece una contradicción, pero esta situación es más común de lo que parece.

Como te decía, lo siguiente de lo que nos vamos a ocupar es el tema de AUTOESTIMA y formas de adquirirla o aumentarla.

¿Me acompañas?

CAPÍTULO 15

LA AUTOESTIMA

"La autoestima se compone principalmente de dos cosas: sentirse digno de ser amado y sentirse capaz"
Jack Candfield

Antes de empezar a hablarte de la Autoestima, quiero explicarte una teoría para que puedas entender mejor que esa palabra no es algo que las personas queramos tener por un simple antojo, o porque lo hayamos oído y sintamos que nosotros también lo necesitamos.

A decir verdad, sí es una necesidad del ser humano. Y te lo voy a explicar, utilizando para ello la pirámide de Maslow. El nombre de la pirámide se debe a su autor, el psicólogo humanista norteamericano Abraham Maslow (1908-1970), que formuló en su obra "Una teoría sobre la motivación humana", una de las teorías de motivación más conocidas.

La pirámide de Maslow es una teoría que trata de explicar qué impulsa la conducta humana. La pirámide consta de cinco niveles que están ordenados jerárquicamente según las necesidades humanas que atraviesan todas las personas.

La teoría de la pirámide de las necesidades de Maslow explica de forma visual el comportamiento humano según nuestras necesidades.

En la base de la pirámide aparecen nuestras necesidades fisiológicas, que todos los humanos necesitamos cubrir en primera instancia. Una vez cubiertas estas necesidades, buscamos satisfacer nuestras necesidades inmediatamente superiores.

Pero no se puede llegar a un escalón superior, si no hemos cubierto antes los inferiores, o lo que es lo mismo, según vamos satisfaciendo nuestras necesidades más básicas, desarrollamos necesidades y deseos más elevados.

Te explico un poco en qué consiste cada uno de los distintos escalones en los que se divide la pirámide, para que puedas entender mejor cuál ha sido o puede estar siendo tu comportamiento en la vida y por qué te has visto en la necesidad de hacer o de tener ciertas cosas, aun sin saber el motivo.

Estoy segura que esta pirámide y su desarrollo te ayudará a dar respuesta a algunas de tus preguntas. Al menos a mí me aclaró muchas de las incógnitas que tenía. Antes de conocerla no entendía el porqué de empezar a necesitar cubrir ciertas necesidades.

Empezando por la base tenemos:

1. Necesidades básicas o fisiológicas: son las únicas inherentes en toda persona, básicas para la supervivencia de todo individuo. Respirar, alimentarse, vestirse, sexo, etc…

2. Necesidades de seguridad: se busca crear y mantener una situación de orden y seguridad en la vida. Una seguridad física (salud), económica (ingresos), necesidades de vivienda, etc…

3. Necesidades sociales: implican el sentimiento de pertenencia a un grupo social, familia, amigos, pareja, compañeros de trabajo, etc…

4. Necesidades de autoestima y reconocimiento: son las necesidades de reconocimiento como la confianza, la independencia personal, la reputación o las metas financieras.

5. Necesidades de autorrealización: este quinto nivel y el más alto solo puede ser satisfecho una vez todas las demás necesidades han sido suficientemente alcanzadas. Es la sensación de haber llegado al éxito personal.

Por lo tanto y para que veas la importancia del concepto que estamos tratando ahora como es la AUTOESTIMA, decirte que sin ella no podemos alcanzar el nivel superior de la pirámide, que es el ÉXITO PERSONAL.

¿Qué es la AUTOESTIMA?

La autoestima es el conjunto de percepciones, imágenes, pensamientos, juicios y afectos sobre nosotros mismos. Es lo que yo pienso y siento sobre mí. La satisfacción de cada uno respecto de sí mismo.

Dice Walter Riso en su libro "Aprendiendo a quererse a uno mismo" que está demostrado que la visión que tenemos de nosotros mismos es un factor determinante de nuestra salud mental e incluso física, pues una buena autovaloración personal es la base sobre la que se apoya todo nuestro desarrollo.

No obstante hemos sido educados en una cultura que predica el amor hacia los demás y condena el amor propio, olvidando que el primer requisito para querer a otra persona es quererse primero a uno mismo.

Y yo añado que para que alguien te quiera, primero has de quererte tú. ¿cómo pretendes que alguien te quiera o se enamore de ti, si tú antes no sientes eso por ti mismo?

Amate, quiérete, enamórate de ti y el mundo se enamorará de esa persona en la que te has convertido.

No todo el mundo tiene la misma autoestima. Podemos ver personas que se infravaloran hasta el punto de no quererse tal y como son y otras a quienes les sucede todo lo contrario.

¿Por qué es importante desarrollar nuestra autoestima?

Es muy importante desarrollar, trabajar y mejorar nuestra autoestima diariamente. La Autoestima nos ayuda a sentirnos mucho mejor con nosotros mismos, lo que influye en nuestro comportamiento.

Por lo que conseguir tener una buena autoestima puede ayudarnos a:

* Estar más preparados para afrontar las adversidades.

* Tendremos más posibilidades de ser creativos en nuestro trabajo.

* Cuando nos conocemos a la perfección, sabemos cuáles son nuestros puntos fuertes y nuestros puntos débiles. Por lo tanto, esto nos permite trabajar nuestras virtudes hasta el punto de desarrollar lo mejor que tenemos de nosotros mismos. Consiguiendo así autorrealizarnos como personas.

* Encontraremos más oportunidades de entablar relaciones enriquecedoras.

Estaremos más inclinados a tratar a los demás con respeto. Estaremos más contentos por el mero hecho de vivir.

Cuando afrontamos el mundo con una visión positiva, somos mucho más capaces de conseguir nuestras metas y nuestros objetivos.

Necesidad de aprobación

La necesidad de aprobación es otra de las consecuencias de tener una baja autoestima.

Es posible que pierdas el tiempo en algunas ocasiones buscando la aprobación de los demás incluso llegándose a convertir en una auténtica necesidad, siendo algo muy importante en tu vida. A todos nos gusta que nos aplaudan y ¿por qué renunciar a esto?

Lo que ocurre es que esto se convierte en un problema cuando se vuelve una necesidad en vez de un deseo.

Si tienes este tipo de necesidad, te expones a llevar muchas frustraciones en la vida. Hay que deshacerse de ella si quieres buscar la realización personal.

Es imposible vivir en un mundo sin provocar la desaprobación de la gente, a veces de forma grave.

La necesidad de aprobación se basa en la suposición de no confiar en uno mismo, pero hay que tener cuidado, porque esta necesidad de aprobación puede convertirse en un medio de manipulación que los demás a los que pedimos aprobación, pueden ejercer sobre nosotros.

Cualquier paso que puedas dar en la búsqueda hacia la independencia y tu propia aprobación, es un paso que te alejará del control de los demás y por lo tanto te acercará a ese sentimiento de libertad, que es una necesidad básica de todo ser humano.

Estrategias para evitar la dependencia de otros y la búsqueda de aprobación:

* **Utiliza respuestas que empiecen con la palabra TU.** Esto produce resultados sorprendentes. P.e.: Cuando tu madre no está de acuerdo contigo y se está enfadando. En vez de cambiar de posición o defenderte, simplemente puedes contestar "Tú te estás enfadando y piensas que yo no debería pensar como pienso".

* **Si piensas que alguien está tratando de manipularte rebajando tu autoestima, dilo.** No trates de encontrar aunque sea algo de aprobación. Puedes decir: "normalmente yo modificaría mi posición para lograr que me aceptes y me quieras, pero realmente creo en lo que acabo de decir y tu tendrás que entendértelas con tus propios sentimientos al respecto". O "supongo que te gustaría que yo cambie de opinión".

* Puedes buscar a propósito que te desaprueben y trabajar contigo mismo para que eso no te moleste.

* Puedes practicar técnicas para ignorar los actos de desaprobación y para no prestar atención a los que tratan de manipularte con acusaciones.

* Confía en ti mismo cuando compres ropa u otros efectos personales sin consultar primero con alguien cuya opinión valoras más que la tuya: tu pareja, tu madre, tu padre, etc…

* Deja de buscar respaldo para lo que dices buscando justificación y apoyo de parte de tu cónyuge o cualquier otra persona.

Estos son los primeros pasos para tratar de eliminar la necesidad de aprobación en tu vida.

Otro de los requisitos necesarios para sentirte más libre.

Si te centras en las cosas buenas que haces y en tus grandes cualidades, aprenderás a amarte y aceptarte a ti mismo.

Ingrediente principal para una sólida autoestima.
Espero haber aclarado algunos aspectos acerca del concepto de Autoestima, pero sigamos, si te parece, profundizando en el tema.

Puesto que no es innata, es decir, no nacemos con ella, se puede desarrollar y modificar a lo largo de nuestra vida.

Para ayudarte un poco más, te mostraré algunos síntomas característicos de personas con baja autoestima y también pautas para poder aumentarla.

Si estás interesado, y creo que sí, te invito a seguir conmigo en estas páginas.

ROMPER PATRONES FAMILIARES

Cuando decidí poner el título a este libro, mi obsesión era poder transmitir a las personas que lo leyeran que no sólo existe la falta de libertad cuando alguien está en una cárcel física.

Son muchas las personas que siguen aún encerradas en su propia cárcel.

Una cárcel sin paredes físicas. Sólo de privación de pensamientos, de acciones, de toma de decisiones que les llevan a no ser quien de verdad les gustaría. ¡Sé libre para ser tú!

Es mucho más común de lo que parece. Siguen manipulados por el entorno. Les preocupa el qué dirán si hago tal o cual cosa. Miedo a decepcionar a la familia. A no cumplir sus expectativas sobre ellos. Reparo incluso a veces de romper con esas cadenas de comportamiento que tu familia ha arrastrado de generación en generación y aunque no les ha beneficiado, es lo que se sigue haciendo porque nadie ha visto y experimentado otra cosa distinta en su entorno más cercano.

No solemos darnos cuenta, pero si miras para arriba en tu árbol genealógico, generación tras generación vamos arrastrando esos patrones de comportamiento que nos llevan a los mismos resultados. No entendemos el motivo, pero es tan sencillo de que si algo se ha hecho toda la vida igual, evidentemente se obtendrán los mismos resultados.

Lo importante es darse cuenta de ello y poder acabar con lo que hasta ahora ha sido una limitación en la familia para lograr objetivos que nunca antes se habían logrado. Ya sea en el área dinero, salud o amor.

Ser humildes para reconocer que si no hacemos otra cosa distinta, seguiremos obteniendo los mismos resultados.

"Si quieres resultados distintos, no hagas siempre lo mismo"

Albert Einstein.

Piensa y observa en tu propia familia si hay algo que se viene repitiendo, como son problemas de dinero, herencias, infidelidades, algún tipo de adicción, enfados entre hermanos, padres e hijos que dejan de hablarse, divorcios o incluso algún tipo de enfermedad, como pueden ser las depresiones.

Pues es solamente asumiendo y aceptando que en nuestra familia hay un problema, cuando podemos hacer algo al respecto. Y ello ha de empezar por cambiar alguna de las cosas de las que hemos venido haciendo hasta ahora.

Ya no sólo por ti y porque tu consigas sentirte más libre a la hora de pensar, sentir y actuar, sino porque al hacerlo evitarás que tus hijos sufran eso por lo que tú estás pasando y te está provocando dolor o sufrimiento.

No te rindas. Es la mejor herencia que les puedes dejar. Libertad en el más amplio sentido de la palabra. Para no verse condicionados entre otras cosas por las herencias familiares inconscientes, que les llevarán a actuar y pensar de determinadas maneras, aun sin saber por qué lo hacen.

Justo ayer hablando con mi hija de este tema, me decía que todo lo que yo consiguiera arreglar en mi vida, sería algo de lo que ella no tendría que ocuparse, porque ya sería yo la que lo ha arreglado.

Es muy grato sentir que aunque tú hayas tenido que pasar por ciertas experiencias, aun siendo dolorosas, les alivias a tus hijos el equipaje de su mochila. Siempre y cuando tú hayas aprendido lo que esa experiencia venía a enseñarte.

Por ejemplo, cuando me divorcié y mis padres y hermanos no me apoyaron porque me decían que me estaba equivocando, sufrí mucho. Fueron momentos en los que me sentí sola y desesperada. No sabía cómo convencerles de lo segura que estaba de la decisión que estaba tomando.

Durante mucho tiempo fue muy doloroso y me costó superarlo, pero todo ello era necesario para que Raquel sacara a la luz todos sus potenciales y se convirtiera en la mujer fuerte, segura y valiente que soy ahora. Capaz de tomar decisiones sin necesidad de aprobación. Con más autoestima.

Nada de ello hubiera sido posible si eso no hubiera ocurrido. A día de hoy les estoy muy agradecida por haber actuado así. De lo contrario, estoy segura de que seguiría siendo una mujer dependiente emocionalmente de cualquiera que se le acercara y le hiciera un poco de caso.

La relación con mi familia se ha transformado. Es mucho más sana. Puedo hablar con ellos y expresar lo que quiero o siento, aunque por supuesto no siempre estén de acuerdo. Pero ya he entendido que eso es así. Soy yo la que he cambiado la forma en la que me tomo sus reacciones hacia mis decisiones o formas de hacer las cosas.

Y ese cambio de actitud por mi parte, es lo que me ha dado libertad para elegir. Sin miedo a que nadie tenga que darme su aprobación.

Y puede que no siempre acierte y me siga equivocando. Me equivocaré. Pero habré sido libre para equivocarme con mis propias decisiones y aprenderé con ellas.

Creo que sin duda es mucho mejor eso, que sentirte decepcionado contigo mismo porque te has equivocado en algo, pero no lo has elegido libremente tu. Cuando eso ocurre te culpas por dos cosas, por haber fracasado y por no haber hecho caso a tu propia intuición y haberte dejado llevar.

Por lo tanto, mi consejo es que seas tú mismo y te dejes llevar única y exclusivamente por tu intuición, aun corriendo el riesgo de equivocarte. Ya sabes que si eso ocurre, lo único que habrás ganado es una nueva lección.

GRACIAS GRACIAS GRACIAS por estar aquí conmigo hoy.

CAPÍTULO 16

LOCALIZAR LA BAJA AUTOESTIMA

Según muchos psicólogos, uno de los problemas más comunes por los que sus pacientes acuden a sus consultas es precisamente la baja autoestima. Que como ya hemos visto, es una percepción negativa de uno mismo.

Lo que ocurre es que a veces los pacientes no saben ver que tienen este problema, porque la baja autoestima les lleva a otros problemas que son en principio la causa por la que ellos acuden a consulta, como pueden ser ansiedad, depresión, adicciones, estrés, etc…

Pero voy a decirte algunos de los síntomas que pueden alertar de que una persona sufre de baja autoestima:

* No tengo seguridad en mí mismo.

* Necesito la aprobación de los demás con mucha frecuencia.

* No me siento merecedor de las cosas buenas de la vida.

* No expreso mis gustos u opiniones por miedo a ser rechazado o por pensar que mis opiniones no tienen el mismo valor que las opiniones de los demás.

* Me dejo pisar con facilidad ya que no me atrevo a imponerme cuando es necesario.

* No me siento feliz.

* Pienso en mis debilidades y casi nunca me paro a pensar en mis fortalezas.

* No me esfuerzo por conseguir lo que quiero ya que de antemano creo que no lo voy a lograr.

* No me relaciono con los demás como me gustaría ya que pienso que no voy a hacerlo bien y me van a dejar de lado.

* Veo al resto de personas como superiores a mí y me gustaría ser como ellos.

* Casi nunca estoy contento con lo que hago ya que creo que podría estar mejor.

* Temo decir lo que siento por si a los demás no les gusta lo que digo.

* Me cuesta acabar lo que empiezo ya que me desmotivo con mucha facilidad.

* Suelo atribuir a causas externas mis logros y a causas internas mis fracasos.

* Me siento nervioso la mayor parte del día.

* Me es casi imposible tomar la iniciativa.

* La toma de decisiones se convierte en algo muy difícil ya que creo que decida lo que decida va a ser la opción incorrecta y me dejo llevar por lo que decidan los demás, aunque sea de mi propia vida.

* Me siento culpable.

* Envidio la vida de los otros.

* Me siento evaluado casi constantemente en situaciones sociales.

* Me siento poco atractivo.

* Siento que no tengo nada que aportar.

Si te has sentido así en varias ocasiones, puede que muchos de tus problemas tengan que ver con el hecho de tener una baja autoestima.

Por lo que a mi experiencia personal se refiere, puedo asegurarte que después de estudiar sobre el tema, la mayoría de los problemas y situaciones por las que he pasado en mi vida, han tenido origen en la escasa o nula autoestima que tenía.

Pero lo que yo no sabía era que ese era mi problema y buscaba la respuesta en otros posibles motivos.

Por eso pretendo que con lo que te pueda contar de mi experiencia y lo que he aprendido gracias a ella, tú puedas identificar si la baja autoestima puede ser la causa de muchas de las cosas que te han ocurrido o te siguen ocurriendo y así puedas poner remedio.

Identificar ese problema en mi, y trabajar para solucionarlo, ha sido una de las mejores maneras de sentirme mucho mejor en este momento de mi vida y ser capaz de seguir avanzando con decisión y segura de mi misma.

Incluso el hecho de escribir este libro y hablar de este tema, me está haciendo tomar más conciencia aún de todo y está haciendo que mi autoestima siga mejorando.

Me doy cuenta de que necesitaba siempre la aprobación de los demás. De lo contrario me costaba tomar decisiones y actuar por mí misma.

No sentirme querida y aceptada me frustraba y me hacía sentirme triste. Sin darme cuenta de que el verdadero problema era que yo no me quería a mí misma. Y eso me llevó a relaciones de dependencia, haciendo cosas que a veces no quería, por el mero hecho de sentirme aceptada y querida.

Ya no necesito que alguien tenga que quererme o darme su aprobación. He llegado a confiar en mí y a quererme como nunca antes lo había hecho. Y aunque suene a prepotencia, no lo es.

Cuando te quieres y te respetas a ti mismo, todo mejora en tu vida. Incluso tu salud. Te mimarás y harás cosas para encontrarte mejor. Tendrás ganas de cuidar tu cuerpo, haciendo ejercicio y llevando una buena alimentación y te convertirás en otra persona. Te lo aseguro. Ese ha sido mi caso.

Ahora tengo 45 años y jamás me he encontrado mejor. Ni física, ni emocionalmente. Antes no me gustaba mi cuerpo y comía sin reparo. Todo me daba igual.

En la actualidad cuido mi alimentación y hago deporte. Mi cuerpo no tiene nada que ver con el que era hace 20 años. Está mucho más saludable. Parezco más joven.

Si todos consiguiéramos amarnos y respetarnos primero a nosotros mismos, sería más fácil amar y respetar a los demás y este mundo sería mucho mejor de lo que es.

Por lo que si leyendo este libro, consigo que te ames un poco más, estaré logrando que el mundo también sea un poco mejor.

Pero sigamos avanzando.

CAPÍTULO 17

AUMENTA TU AUTOESTIMA

Aumentar la autoestima no consiste en tomarnos una pastillita y salir andando. No funciona así. Pero si podemos tomar algunas medidas para hacer que el concepto que tenemos de nosotros mismos mejore. Ya te he hablado de algunas de las consecuencias positivas que ello va a tener en tu vida. Alguna manera de aumentar tu autoestima puede ser:

1. Deja de machacarte. Empieza a ser realista y aceptar que no eres perfecto. Tu objetivo no es serlo. El objetivo es ser feliz. Reconoce las cosas que no haces tan bien y aprende de ello. No puedes pretender hacerlo todo bien, pero sí puedes empezar a valorar aquello en lo que eres bueno. Deja de machacarte y seguir pensando que eres un desastre. ¿A dónde te ha llevado pensar así?

Observa y toma conciencia de lo bueno que tienes y de las cosas que haces bien.

2. Empieza a pensar en positivo. Cambia tus pensamientos. Sustituye el "no puedo" por el "me va a ir bien" "Voy a conseguirlo". Forzarte a mirar las cosas buenas de la vida te ayudará a salir de la dinámica negativa y te darás cuenta de que tienes muchas cosas buenas para valorar. Si te centras en las cosas malas, será eso lo que atraigas en tu vida.

3. Ponte metas realistas. Metas que sean relativamente fáciles de alcanzar y que puedas cumplir. Poco a poco las podrás aumentar y verás que paso a paso consigues todo lo que te propones. Y si fracasas no pasa nada. Aprende de ello sin culparte, ya que fallar es una manera distinta de hacerlo la siguiente vez.

4. No te compares. Cada persona es distinta. Céntrate en ti y en tu vida. Envidiando la vida del resto de personas, sólo conseguirás sentirte mal. Todos tenemos algo bueno que aportar al mundo y depende de nosotros encontrar el camino indicado.

5. Aprende a encajar las críticas. Que lo que te digan sirva para mejorarte, no para estancarte o culpabilizarte. Procura que no te afecten.

6. Trátate con cariño y respeto. Tienes derecho a ser feliz. Contagia al resto del mundo con tu optimismo.

7. Regálate tiempo. Haz actividades que te hagan feliz. Es la mejor manera de encontrarte contigo mismo y desarrollar poco a poco tus habilidades. Medita, lee, escribe, haz deporte. Emplea un tiempo en cosas que te hagan disfrutar y evadirte de la rutina.

8. Acéptate y perdónate. Aun estás a tiempo de hacer borrón y cuenta nueva. Escribe una carta en la que pongas con detalle todo lo que no te gusta de ti y todo aquello de lo que te sientes culpable. No te dejes nada. Después quema la carta con mucho amor, despidiéndote de todo aquello que formó parte de ti en el pasado, pero que ya no necesitas. Es el momento de empezar de cero. Aprende de tus experiencias pero sin sentirte culpable.

9. Supera tus lastres. Deja de arrastrar mochilas con cargas que no te dejan avanzar: relaciones que no te aportan nada, hábitos que no te gustan, trabajos que no te satisfacen. Es preciso tomar conciencia de ello y actuar para poder cambiar esas circunstancias de tu vida.

10. Céntrate cada día en lo bueno. Haz un resumen al terminar el día de las cosas buenas que has tenido y los retos que has superado. Observa también los posibles errores que hayas podido cometer y cómo mejorar. En lo que te concentras se expande, y si te centras en lo bueno, eso será lo que atraigas a tu vida.

Aplicando estos consejos en tu día a día, verás como tu autoestima va aumentando. Te irás sintiendo más seguro de ti mismo y te encontrarás con ganas de superarte.

Serás capaz de tomar decisiones que te reportarán satisfacción personal para hacer más cosas y ello a su vez supondrá un aumento de tu autoestima. Será como la pescadilla que se muerde la cola. A mayor autoestima, más facilidad para tomar decisiones. Una cosa retroalimentará a la otra.

Con una autoestima buena, podrás desarrollar mejor tus instintos y talentos naturales. Una de las claves para desarrollarte como persona es realizarte en base a actividades que te resulten divertidas y apasionantes. Deja fluir tu creatividad e ingenio para tomar conciencia del poder que atesoras.

Arriésgate a vivir experiencias únicas y toma las riendas de tu vida. Hay muchas personas con una vida gris, por no hacerlo. Ver pasar los días sin salir de la rutina es una de las maneras de tener una autoestima baja.

Aprende a arriesgar, ya sea en el plano sentimental, laboral o de cualquier otro, renunciando para ello a muchos miedos que acarreamos.

Este será el punto imprescindible para que tu fuerza interior despierte de una vez por todas.

¡Tú eres esa persona que puede cambiar tu propia vida! Empieza por tener un mejor concepto de ti mismo.

Día 16 de Febrero

Hoy es sábado. Sigo aquí contigo para contarte mis reflexiones. La de hoy es de querer hacerte llegar otra vez mi sentimiento de satisfacción con lo que estoy haciendo. Seré una pesada, pero no me canso de repetirlo una y otra vez.

Dejándome llevar muchas veces por esas señales que van apareciendo y que no podría explicarte, porque a veces no las entiendo ni yo.

Sólo sé que seguirlas me reporta una sensación de seguridad y tranquilidad, que es la que me ayuda a superar los obstáculos que van apareciendo.

En el trabajo que ahora tengo, como dependienta de una panadería-pastelería, hablo cada día con mucha gente y me cuentan muchas cosas de sus vidas. Yo les escucho, observo e intercambiamos opiniones. Supongo que les inspiro confianza y por eso lo hacen.

Las conversaciones que tenemos son de todo tipo. A veces hay quejas de maridos, mujeres, hijos o jefes. Quejas también de su salud o problemas físicos o emocionales.

Aunque lo que me gusta y es una de las cosas que más disfruto de mi trabajo, es cuando veo que también hay personas que tienen relaciones de pareja satisfactorias, trabajos que aman y disfrutan, hijos maravillosos con resultados y comportamientos ejemplares y una salud envidiable.

¿Y cuál es la diferencia entre lo que tienen unos y lo que tienen otros? Pues aunque ellos piensen que es por suerte o mala suerte y que les ha tocado eso, no me cabe duda de que cada uno recibe en función de lo que está dispuesto a implicarse en cada una de esas áreas.

Aunque también podría decirles que probaran a cambiar sus conversaciones, por otras más positivas. Seguro que sus resultados cambiarían. Pero lo mejor de todo esto es que cada uno puede comprobarlo.

¡Hazlo tú! Prueba a hablar bien de tus hijos, tu trabajo o tu pareja. No creo que sea todo malo o negativo. Seguro hay algo bueno que puedas contar de ellos. Verás como poco a poco vas encontrando motivos para seguir hablando bien de ellos y de la relación que tenéis. Al igual que con tu salud. No te centres solo en lo que te duele o no te gusta de tu físico, por ejemplo.

Y no lo digo como crítica a este tipo de conversaciones, porque yo he estado en el punto de culpar a todo y todos por la situación en la que estaba, hablando mal de ellos y extendiendo así la plaga de maldiciones. Pero para salir de ahí, lo primero es tomar conciencia de que lo que tienes no es lo que quieres o lo que te hace feliz, y segundo estar dispuesto a hacer algo para cambiarlo.

Bien sea cuidando tu alimentación o haciendo ejercicio si es la salud lo que no está bien. Bien sea dedicando más tiempo de calidad a las personas de tu entorno: hijos, marido, mujer, amigos. Etc… O prepararte y buscar otro trabajo si el que tienes no te satisface y no te reporta las satisfacciones que a ti te gustaría.

Yo te aconsejo que empieces cambiando tus pensamientos y tu diálogo diario. El diálogo interno contigo mismo y el que tienes con la gente que te relacionas.

Mi jefe me ha dicho muchas veces que soy una de las pocas personas a las que oye hablar bien de sus hijos. ¿Y adivináis qué es lo que obtengo a cambio? Más motivos para seguir hablando bien de *ellos y sentirme cada día más orgullosa. Y no son perfectos. Cometen fallos y errores. Están aprendiendo. Pero ensalzo sus logros y suavizo sus fallos. Pues así es como funciona también todo lo demás.*

Pero como te digo, los responsables de nuestra situación somos nosotros. No podemos culpar a la crisis, al gobierno o al alcalde de nuestro pueblo por ello.

Yo se que podría estar mejor en todas las áreas en este momento de mi vida. De hecho mi pretensión y mis decisiones van encaminadas cada día a mejorar cada una de ellas. Y paso a paso lo voy consiguiendo.

Mi salud ha mejorado. Físicamente estoy mejor que nunca. Tengo mucha más energía y vitalidad que antes. Transmito alegría a los que me rodean. Tengo amistades de lealtad y confianza plena. Mi trabajo me gusta y me reporta satisfacción personal.

Trabajo que disfruto y agradezco cada día. Me da la posibilidad de expresar mi creatividad, y de sentirme útil y valorada. Aprendo mucho con él.

Tengo un jefe comprensivo y tolerante del que he aprendido entre otras cosas el afán de superación. El valor del esfuerzo diario. El trabajo duro y constante para conseguir un objetivo, creyendo y confiando en lo que hace. Trabajando cada día por hacer algo distinto a los demás.

Un producto natural y artesano que requiere constancia, esfuerzo y seguir aprendiendo cada día. Muy sacrificado por sus horarios, pero siempre con la risa y la alegría como compañera. Desde que llevo en este trabajo hace año y medio, ha sido como una terapia para mí. El buen humor y las bromas son constantes cada día. Y no por ello dejamos de cumplir con las obligaciones diarias.

Sé que este trabajo no apareció por casualidad. Yo lo atraje hasta mí. De hecho lo había visualizado muchas veces. Trabajar en algo que me diera la posibilidad de hablar con mucha gente e interactuar con ellos.

Era justo lo que necesitaba. Pero también fue la prueba de que mi autoestima iba aumentando por fin y por eso me creía merecedora de él.

Un horario que se adapta a mis responsabilidades de madre, pudiendo seguir educando y compartiendo mucho tiempo con mis hijos, que era justo lo que siempre había querido.

Cerca de casa, un salario bastante bueno, un jefe extraordinario y comprensivo y unos clientes maravillosos que me dan cada día la posibilidad de aprender y sentirme orgullosa del trabajo que desempeño, porque son muchos los que cada día me dicen que les gusta ir a comprar el pan y verme, o cruzar unas simples palabras conmigo. Supongo que les transmito algo positivo.

Pues esa es la satisfacción de la que te hablaba y que no puede pagarse con dinero. Va mucho más allá de eso.

Por eso es lo que quiero seguir haciendo. Poder ser un pequeño o gran foco de luz en el camino de los que se puedan seguir sintiendo un poco perdidos en la tormenta.

Cuando alguien en su vida se siente como si estuviera atravesando un túnel en el que lo que predomina es la completa oscuridad, incluso la luz de una luciérnaga le puede guiar para salir de ese túnel.

CAPÍTULO 18

LA CULPA: LIBÉRATE DE ELLA

La culpa es otra compañera de viaje que es necesaria dejar atrás cuando lo que pretendes es avanzar y seguir creciendo en tu vida. Para continuar el camino, es mejor sacarla de ella por completo.

La culpa es un sentimiento nocivo que te roba la risa, la paz y la seguridad en ti mismo. En definitiva, atenta contra la propia felicidad porque nos hace sentirnos mal y a su vez nos convierte en víctimas incapaces de salir del lodo donde nos sentimos atrapados, culpando por ello a otros y atrayendo aun más situaciones que van aumentando paulatinamente ese estado de malestar.

Es un sentimiento relacionado con la autoestima y la vergüenza. Cuando alguien se siente culpable, es muy común que tenga un complejo de inferioridad respecto a las personas de su entorno. Muchas veces, esta situación nos hace incapaces de compartirla con ellos y no podemos solucionar lo que nos sucede, por nuestra propia cuenta.

El problema es que a veces no somos conscientes de que la sufrimos y ello puede estar dificultando nuestro proceso de crecimiento personal.

Y ¿Cuándo sentimos culpa? Pues normalmente cuando rompemos o creemos haber roto ciertas normas tanto personales como sociales, de carácter ético, natural, religioso, sexual... Podemos encontrarnos ante la culpa por hacer algo que pensamos que no debíamos haber hecho, o todo lo contrario, por no hacer algo que debía haberse hecho y ahora nos sentimos mal.

Hay que diferenciar la culpa como sentimiento o emoción positiva y la culpa en su versión negativa.

Hablamos de **culpa positiva**, cuando al experimentarla nos permite subsanar un error que se haya podido cometer en un momento dado. Es aquella que nos muestra cuando realmente nos equivocamos y nos da la posibilidad de cambiar el rumbo.

Por ejemplo, se te olvida ir a por tu hijo al colegio y te sientes culpable por el olvido. Ese tipo de culpa es positiva y te está alertando que hay algo que tienes que solucionar. Pero ya está. Soluciona el problema y no te sigas machacando por eso eternamente. La próxima vez seguro que estás más alerta y no te ocurre lo mismo.

Este tipo de culpa nos ayuda a encauzar nuestras vidas y dirigirlas hacia donde queremos.

Pero la **culpa** puede ser **negativa**. Esa es precisamente la que nos detiene y aquella de la que es conveniente deshacernos. Algunos ejemplos son aquellos que sienten culpa permanente con algo o con alguien, por lo que se castigan a sí mismos y que voluntariamente se quedan a mitad de camino en sus metas por <u>no creerse merecedores de conseguirlas.</u>

Lo que ocurre es que la culpabilidad a veces viene generada por un conjunto de normas que la sociedad ha impuesto desde siempre y que no responden a trasgresiones de hechos naturales, ni son racionalmente negativos.

Por lo tanto, es una culpabilidad manipulada, a menudo provocada por culturas moralistas, rígidas y puritanas, basadas en el castigo y el temor. O incluso por figuras familiares perfeccionistas en exceso o chantajistas.

Asumir esas normas sin más, sin tener en cuenta nuestros propios intereses como individuos y como sociedad, provoca que muchas personas lleven vidas atormentadas a causa de hechos que no se basan en ninguna transgresión real. Personas que viven acarreando una culpa que les tiene atados y en cierto modo, fracasados emocionalmente.

Es frecuente ver personas que reprimen su sexualidad, porque la perciben como sucia, pecaminosa, inaceptable y sienten ante ella una culpa confundida con vergüenza. Quienes sienten que han fracasado en la vida por no haber cumplido las expectativas familiares. Incluso quien siente culpa por tener éxito si quienes le rodean no lo tienen. Todo ello afecta negativamente a la autoestima y al estado de ánimo.

Aunque te parezca extraño esto que te digo, es mucho más común de lo que crees y hemos sido muchos los condicionados por este tipo de normas, entre los cuales me incluyo.

Lo que me ocurrió de niña y lo que viví con todo lo relacionado con el tema sexo, han condicionado mi vida durante mucho tiempo en esa parte de mi persona. En mi entorno lo percibía como algo negativo de lo que no podía hablarse. Supongo que ese fue uno de los motivos por lo que nunca conté a nadie el abuso que sufrí con 8 años y decidí cargar con esa pesada culpa durante casi 40 años.

Cuando entendí esto, entendí muchas de las cosas que habían ocurrido en mi vida.

Conflictos con el sexo y la culpabilidad por disfrutar con él. Problemas para relacionarme con los hombres desde la más absoluta voluntad y libertad. Imposibilidad de terminar proyectos que me llevaran a mi propio éxito personal. Dependencia emocional de aquel que se pusiera en mi camino y me hiciera un poco de caso o me dedicara unas palabras de cariño o admiración. Dejándome llevar en todo momento. Rebajando la poca autoestima que tenía. Siendo cualquier persona, menos yo. La verdadera Raquel.

Pues tengo que decirte, que por fin, y después de ir dejando atrás muchos de los lastres, entre ellos la culpa envenenada que sentía por tantas cosas infundadas, Raquel se está transformando. Está siendo quien siempre quiso ser y consiguiendo llegar a lugares donde nunca imaginó que podría llegar.

Tengo que decir que gracias a ello, la tarea de educar a mis hijos cada día resulta más enriquecedora. Disfruto haciéndolo y aprendiendo de ello. Lejos de sentirles como una carga, ahora les siento como un regalo. Me encuentro con la seguridad y la certeza de inculcarles valores que les ayuden a afrontar la vida de la mejor manera posible.

No les puedo librar de sus caídas. Tampoco quiero. Es la manera de aprender. Pero sí les puedo dar las herramientas suficientes para levantarse y seguir caminando.

Todo es cuestión de aprender. Y a ser padres también se aprende. A veces acertando y a veces equivocándote. Pero siempre aceptando y admitiendo tanto los errores como los triunfos. Mi consejo: celebra tus triunfos como padre o madre. Atraerás más. Es una ley universal. Centrar tu energía y tu enfoque en algo, inevitablemente hace que crezca. Tanto si es bueno o malo. ¡Tú eliges dónde quieres enfocarte!

Pero no soy la única que puede conseguir esto. Tampoco he sido la primera. Quiero decirte que si yo lo estoy logrando, tú también puedes.

Para que veas aun más la trascendencia de acabar con este sentimiento que es la culpa, decirte que hay un estudio llevado a cabo por la universidad de Vanderbilt, en Estados Unidos, donde se demostró que detrás de enfermedades como la depresión, la ansiedad, el trastorno obsesivo cumpulsivo e incluso trastornos en la alimentación, está en gran parte de las ocasiones un sentimiento de culpa.

Algunos de los síntomas cuando alguien siente culpabilidad pueden ser:

*** Dormir y comer poco**. La tristeza y la apatía que vienen originadas por la culpa, afectan al ritmo biológico natural. Esta señal es una de las más sencillas de percibir y que nos lleva claramente a apreciar que hay un estado de culpabilidad.

*** Dolores de cabeza**: las migrañas o dolores de cabeza tienen su origen en estados continuos de malestar físico y emocional alargados en el tiempo. Cuando no solucionamos un problema o lo postergamos, nuestro cuerpo nos avisa de que "necesita detenerse". Y utiliza estos síntomas para ello. Por eso lo mejor es sentarse y tomar conciencia de lo que nos ocurre, para poder solucionarlo y así desaparecerá el motivo por el que tenemos esos síntomas físicos.

*La culpa también se manifiesta en el cuerpo en forma de dolores en el pecho, estómago, o molestias en la espalda.

* Trastornos emocionales: irritabilidad, nerviosismo y tristeza.

* Procesos mentales: autoreproches, autoacusaciones, pensamientos destructivos de autoestima y valía de uno mismo.

TÉCNICAS PARA LIBRARSE DE LA CULPA

Por la importancia de acabar con este sentimiento tan malo y destructivo para la persona que lo padece, veamos algunas técnicas para librarse de la culpa.

1. Si me equivoco, pido perdón y sigo adelante. Si te has equivocado, pide perdón con sincero arrepentimiento y sigue adelante. No tienes que pedir perdón eternamente.

2. Reparar el daño producido. Resuelve rápido la situación y aprende del error para seguir avanzando. Repara en la medida de lo posible el daño producido.

3. Verbalizar la culpa. Suelta aquello que te haga sentir mal para liberarte de la culpa. Esta actúa en silencio y soledad, por lo que si expresas lo que sientes, su poder será menor. Hazlo verbalmente o por escrito. El efecto será el mismo.

4. Perdónate a ti mismo. Una manera de empezar a superar la culpa es perdonarte a ti mismo cuando cometes un error, así como perdonas a un amigo. La próxima vez que te sientas culpable por algo, respira profundamente y deja de castigarte a ti mismo. En vez de eso piensa que cometiste un error, pero por eso no te conviertes en una mala persona.

5. Piensa que mañana es otro día. Cada día es una nueva oportunidad para volver a empezar. Puedes haber estado errado en tus acciones hoy, pero no tienen por qué volver a suceder si tomas conciencia de ellas. Aunque tienen consecuencias, no determinan el resto de tu vida. Eres tú quien tiene el timón de tu propio barco y tienes el poder de dirigirlo hacia donde te propongas.

6. Haz una buena obra. Realizar una buena obra no revertirá tus acciones, pero te ayudará a proseguir hacia un futuro positivo. Algunos estudios han demostrado que ayudar a los demás tiene múltiples beneficios para la salud mental y física.

Busca oportunidades para trabajar como voluntario en hospitales, beneficencias y otras organizaciones locales. Incluso trabajar como voluntario unas pocas horas a la semana puede ayudarte a vencer el sentimiento de culpa.

7. Incorpora a tu vida una práctica espiritual. Puedes practicar yoga, meditación, pasa tiempo en la naturaleza. Los beneficios de la espiritualidad van más allá de aliviar los sentimientos de culpa. Los estudios han demostrado que la espiritualidad y la oración puede incluso aliviar el estrés y disminuir el periodo de curación durante una enfermedad.

8. Busca un terapeuta, en el caso de que no puedas superar la culpa por tu cuenta. A veces, sin ayuda puede ser difícil entender la culpa y determinar la mejor manera para acabar con ella. Un profesional puede ayudarte a entenderlo y superarlo.

Superar la culpa te ayudará a sentirte un poco más libre para ser tu mismo.

Cuestionaté si este es un sentimiento que te está limitando y actúa para que deje de hacerlo.

CAPÍTULO 19

Las Nuevas Tecnologías

El tema de las nuevas tecnologías, es algo tan latente en estos momentos en nuestras vidas, que no puedo pasarlo por alto. Si bien es algo que en principio nos produce un poco de miedo o al menos reparo, es algo necesario e imprescindible en los tiempos que corren para seguir creciendo.

Aunque hay personas que aun se siguen resistiendo a su uso, quizás por el miedo o el desconocimiento, tenemos que reconocer que sin ellas hoy en día no podríamos llevar a cabo muchas actividades que necesitan de la tecnología. Su uso nos facilita transacciones comerciales, conseguir información, realizar trámites burocráticos o estar conectados con nuestros seres queridos. Y todo ello trae consigo un poco más de libertad. Pero aún así, sigue existiendo un miedo latente cuando se usa.

Y como todos los miedos, pueden provenir de experiencias propias o de lo que continuamente escuchamos acerca de los peligros de internet y las redes sociales. Los famosos miedos inculcados de otros.

Efectivamente, como todo, si se hace un mal uso de ello, tiene unas consecuencias negativas. Por lo tanto y desde mi papel de consumidora de estos avances y madre de dos hijos, defiendo por propia experiencia que lo mejor para que no tengamos que lamentarnos, es la educación y la información.

El mejor escudo que podemos ponernos, tanto nosotros como nuestros hijos, son esas dos herramientas, sin olvidarnos claro está de una buena dosis de autoestima. Necesaria para poder manejar todo este bombardeo de posibilidades que nos ofrece internet y las redes sociales.

Puede parecer complicado a veces, porque debido a la gran revolución que esto ha supuesto en tan pocos años, nos encontramos perdidos. No sabemos manejarlo. Nos da reparo. Pero como te digo, es precisamente el hecho de no conocerlo lo que nos produce el miedo.

Miedo que a veces transmitimos a nuestros hijos, cuando ellos son como máquinas que aprenden a la velocidad de la luz, porque no tienen miedo a investigar y curiosear. Yo lo veo por mis hijos. Sin que nadie les enseñe, son capaces de manejarse como peces en el agua con cualquier aparato que se les ponga por medio. Es como si lo llevaran innato.

Son ellos los que ahora me enseñan a mí. Compruebo cada día que para muchas cosas que quieras hacer en tu vida, es necesario conocer estos temas. Eso te dará libertad.

Aunque no queramos admitirlo, para seguir aprendiendo, formarte, o llevar a cabo tu proyecto, necesitas conocer el funcionamiento de redes sociales entre otras cosas.

Muchos cursos ya son on line, las matrículas de los colegios e institutos ya no requieren tu presencia en el centro. Todo se hace a través de plataformas digitales. Si quieres dar publicidad a tu negocio o empresa, las redes sociales es el mejor escaparate. Y así puedo seguir enumerándote casos en los que no podemos prescindir de la tecnología.

En conclusión, creo que lo que ocurre puede resumirse en que algo nuevo tan potente como la transformación tecnológica genera cambios a nuestro alrededor. Y lo que sí es comprobable es que los humanos le tenemos mucho miedo al cambio. Miedo a salir de nuestra zona de confort.

También es cierto que una vez que vemos que después de un cambio no ocurre nada malo, o incluso que todo va a mejor, no hay quien nos pare de su uso. La clave está en no abusar.

Por lo tanto, quiero defender que hay que educar más y convencer menos. Y en la tecnología aún más. Para que todo el mundo pueda usarla con cordura y disfrutar mucho de ella cuanto antes.

Ignorarla y hacer como si no existiera no es la solución. No vale meter la cabeza debajo de tierra como los avestruces. Te lo aseguro. Tarde o temprano la necesitarás y será mejor que le vayas perdiendo el miedo poco a poco.

Te cuento todo esto e insisto en este tema, por mi experiencia personal, que es de donde me baso para poder hablarte desde la seguridad y la firmeza.

Debido a la mala experiencia que tuve con el hombre con el que contacté por internet justo antes de mi divorcio, tuve una época en la que me desinstalé de mi teléfono todo aquello que pudiera llevarme a repetir una situación así. Pero esa no era la solución. Me he dado cuenta después.

No podía desinstalar aplicaciones y apartarme del mundo para vivir a salvo de posibles depredadores virtuales que se convirtieran en una amenaza para mí. Lo único que podía hacer era trabajar en mi misma y adquirir la autoestima y seguridad necesarias para poder enfrentarme a ellos en el caso de aparecer.

Pues lo mismo ocurre con nuestros hijos. Apartarles de las tecnologías no es la solución. La cuestión está en educarles y formarles para ello.

Su desarrollo y crecimiento serán así más fáciles y todos nos evitaremos pasar por circunstancias que pueden evitarse con un buen conocimiento de cualquier tema que estemos tratando.

Mi conclusión final es que si algo te ayuda a sentirte más libre, es bueno.

Y si aprender cualquier cosa y enseñarlo, ayuda a los demás a sentirse más libres también, mucho mejor.

¡Sigamos liberándonos, que ya nos queda menos!

CAPÍTULO 20

ATRÉVETE A SOÑAR

"Nunca dejes que nadie te diga que no puedes hacer algo. Ni si quiera yo ¿vale? Si tienes un sueño tienes que protegerlo. Las personas que no son capaces de hacer algo te dirán que tú tampoco puedes. Si quieres algo ve a por ello y punto"

Esta frase sacada de la película "En busca de la Felicidad", resume de una manera clara lo que podría contarte acerca del tema de perseguir tus sueños.

Muchas veces nos dejamos llevar por otras personas que nos desaniman cuando contamos que tenemos algún sueño y queremos llevarlo a cabo.

En esta película, el protagonista, interpretado por el actor Will Smith, le dice a su hijo que ni si quiera él como su padre tiene el derecho a decirle que algo no puede hacerlo. Le anima a continuar adelante con cualquier sueño que tenga, independientemente de lo que otros puedan decir.

Si decides actuar y llevarlo a cabo, no te detengas ante nada ni nadie. En el caso de que lo consigas, te sentirás muy satisfecho contigo mismo.

Y en el supuesto caso de que no consigas llegar hasta él, al menos no te quedará la duda y el remordimiento de por vida de no haberlo intentado.

Aprenderás los motivos por los que fallaste y podrás volverlo a intentar. No te detengas por el miedo a fracasar.

Fallar no es fracasar. El fracaso es no intentarlo.

Un claro ejemplo de paciencia y perseverancia en el intento de conseguir algo, es sin duda Thomas Alba Edison, el inventor de la bombilla que hoy conocemos. Cuando un alumno suyo le preguntó por qué seguía intentando algo después de 1000 veces que había fallado, él contestó que no había fallado, solo había aprendido 1000 maneras de cómo no se hace una bombilla.

Pues aunque lo que intentes y no lo consigas a la primera o a la segunda, puede que sea la siguiente vez la que alcances tu meta. Que un fallo o un fracaso no te detengan. Sigue adelante.

Son muchos los que desempeñan trabajos que no disfrutan precisamente por miedo al fracaso, a ser rechazados, o por miedo a defraudar a la familia o amigos.

Siguen haciendo trabajos heredados por sus familias, porque es lo que siempre se ha hecho o porque piensan inconscientemente que hacer otra cosa distinta sería como una infidelidad hacia su clan. No se dan permiso a cambiar esa parte de su vida, aunque lo que hacen ahora no les produce satisfacción o felicidad. Ni siquiera se plantean el cambio, o si se lo plantean, no encuentran la motivación o la fuerza necesaria para dar el primer paso.

Si le haces caso al miedo, te detendrá y te paralizará por completo. Por culpa del miedo dejarás de hacer cosas que sin duda harías si no lo tuvieras. No será fácil, pero es posible. Atrévete a retarle. ¡Vive tus sueños y no tus miedos!

No pienses en lo que los demás van a decir. Eso es algo que en muchas ocasiones nos influye tanto, que ni siquiera nos planteamos soñar. Hay personas que te desanimarán a la hora de conseguir tus sueños porque ellos han fracasado, o incluso ni siquiera lo han intentado, porque se dejaron vencer por sus miedos. Esos miedos que te están transmitiendo a ti, aunque no sea su intención.

No les escuches. Intentan protegerte, pero lo que consiguen es alejarte de tu sueño. Si lo haces y sigues sus consejos, al final te darás por vencido en el intento y elegirás caminos en los que tus días se vuelvan grises.

No intentes aparentar lo que no eres, pero tampoco apagues lo que eres para encajar con la mayoría.

Si tienes un sueño o un deseo en tu corazón, busca las maneras de poder realizarlo. Trabaja duro para ello. No será fácil. Pero no renuncies porque las cosas se pongan difíciles. Recuerda que si vale la pena no será fácil. Invierte tiempo y esfuerzo en dar lo mejor. En la medida que des, recibirás.

Te llegarán señales que te iluminen y te ayuden a tomar decisiones. Aunque también te llegarán retos que en la medida que los superes, te acercarán más a tu sueño. Y ya sabes que conseguir sueños te ayudará a sentirte más feliz y más libre.

Ya te hablé de Descartes que decía que las decisiones que tomábamos de acuerdo con nuestra alma, nos hacían sentirnos más libres que las que tomábamos de acuerdo con nuestra mente.

Aparecerá gente que trate de empequeñecer tus ambiciones y te disuadirán de conseguir lo que quieres. Pero habrá gente realmente grande que te harán sentir que tú también puedes serlo. Rodéate de ellos. De imparables que no se detengan ante nada. Que tengan una mentalidad de éxito y no de derrota. Ya sea en el trabajo, el amor o la salud, si alguien va a darte un consejo, mira que esa persona ya tenga resultados positivos en eso que te está aconsejando.

Y por último, no pienses en el tiempo que te llevará conseguirlo. Si no empiezas nunca, jamás lo alcanzarás. El tiempo va a pasar de todas formas. Al menos gástalo haciendo lo posible por conquistar aquello que deseas.

Nunca abandones un sueño sin darte la posibilidad de que se convierta en realidad.

¡TE LO DIJE!

Estas tres palabras siempre me han parecido unas destructoras de sueños. Cuando pienso en las repercusiones que puede tener para la persona que lo escucha, sobre todo si esas palabras vienen de personas que para ti tienen una autoridad especial, como puedan ser tus padres o profesores, me dan escalofríos.

Primero te limita el valor para intentar hacer algo por miedo precisamente al fracaso y a escuchar esa frase. Ya sea un nuevo trabajo, un proyecto distinto, empezar una nueva relación…

Segundo, puede que en el caso de haber intentado hacerlo y no haber conseguido lo que querías o que no te saliera como tú esperabas, decidas no contarlo y quedarte con esa experiencia para ti sólo.

Dice el refrán que las penas con pan son menos penas. Y yo lo uso en el sentido de que si tu puedes compartir con alguien al que aprecias esa experiencia que para ti no ha sido muy buena, o incluso puede haberte ocasionado daño material o emocional, sólo el hecho de comentarlo o hablar de ello, ya será menos doloroso. O quizás esa otra persona, con todo el respeto y sin juzgarte, pueda decirte desde su punto de vista cómo ve la situación.

Quizás consiga hacerte ver algo que tú habías pasado por alto y que te ayude en la siguiente vez que lo intentes para no cometer el mismo fallo.

Pero si no te has atrevido a contarlo por miedo a escuchar esas tres palabras, eso no ocurrirá.

No hagas esto con personas que te importan o que recurren a ti para contarte que algo no les ha salido como querían.

Y si tienes hijos aun menos. Como padres tenemos la responsabilidad de guiarles lo mejor posible. Cada uno en la medida que sabe o puede, pero hay que dejarles experimentar y equivocarse. Si fallan, apóyales. Porque si quieres seguir teniendo su confianza, reprocharles sus errores y hacerles sentir culpables por ello de por vida, no les ayudará.

****

Ahora tengo que decirte que estás leyendo mi sueño. ¡Hecho realidad! Tienes en tus manos la prueba de que los sueños se cumplen.

Este libro es uno de los míos y te doy las gracias de todo corazón por ayudarme a conseguirlo. Tú y muchas personas como tú habéis colaborado a que se haga real.

Pero no sólo doy las gracias a las personas que me han ayudado y apoyado en todo momento y han confiado en mí, sino también y en la misma medida, a aquellas que no lo hicieron, porque su actitud me motivó aun más para quererlo conseguir. Me empujó a querer aprender más y a trabajar aun más duro por ello. Gracias.

¿Pero sabes otra cosa? Sigo soñando para que cuando despierte, esos sueños se puedan hacer también realidad y me encantará compartirlos contigo, si tú quieres. Gracias por estar ahí y seguir a mi lado.

¿Seguimos soñando? Pues sigue leyendo. Aun no he acabado.

¿TE SIENTES LIBRE?

CAPÍTULO 21

LA GRATITUD

Aun puedo contarte algunas cosas más, que al menos a mi me han funcionado para llegar hasta aquí.

Aparte de lo que has leído hasta ahora, que para mí han sido requisitos imprescindibles para mi avance en este camino de la vida por la que he decidido transitar, como son la verdad, sanar viejas heridas, perdonar, perdonarme, conocerme a mí misma, soltar el miedo, hacerme responsable de mi vida, aumentar mi autoestima, abandonar creencias que me limitaban, librarme de la culpa y atreverme a soñar, LA GRATIDUD es algo que también está muy presente en mi vida.

Agradecida por todo. Por los padres que tengo, que me han dado la vida y me han cuidado, por los dos maravillosos hijos que me acompañan y a los que amo con locura, por los hermanos y familia, por mi hermana aunque no de sangre, pero sí de corazón. Por todas esas personas que han ido apareciendo en mi vida y que me han ayudado a crecer. Parejas, amigos, jefes, compañeros, conocidos…

Gracias por todos los buenos momentos, pero también por los malos que me he ido encontrando.

Y puedo agradecer también lo más doloroso, debido a que un día llegué a la conclusión de que si todo lo que me ocurriera, aunque me hiciera sufrir, era lo mejor para mí y me ayudaría a aprender algo que aún necesitaba aprender, no tenía por qué preocuparme por nada.

Fue un momento de "ajá" en el que me dije a mi misma que si esto lo supiera todo el mundo, no existiría el sufrimiento. Tomarí-

amos las lecciones como algo positivo. Como un día más en el cole en el que nos han enseñado a restar, sumar o multiplicar. Sólo que esta vez la profesora es la vida misma.

Y como cuando éramos pequeños, no todos los días que íbamos, nos gustaba demasiado la lección que teníamos que aprendernos, pero era necesaria para llegar al final del curso y conseguir aprobar. Sin sumar o restar no podemos aprender a multiplicar o dividir. No podemos saltarnos los pasos. Uno es necesario para poder aprender el otro.

Pues en eso decidí apoyarme para no dejarme vencer. Y doy las gracias por todo lo que me ha pasado y me sigue pasando. Aunque reconozco que hasta que este chispazo no se produjo en mi cabeza, cargué con mucho odio y rencor hacia mucha gente y muchas circunstancias por las que había pasado. Odio que a la única que hacía daño era a mí misma.

Cuando entendí que mi vida era como una obra de teatro en la que todos los actores eran necesarios, ya no hubo buenos ni malos. Ahora me tocaba ser Caperucita Roja, pero quizás en otra ocasión, también ejercí de lobo.

Y aceptando la vida de esta manera, ya no se necesita el odio ni el rencor.

Por eso no me canso de decirles esto a mis hijos: "Odiar es algo que solo daña al que lo siente dentro". El odiado no tiene efectos secundarios.

Les hablo mucho del perdón y de la comprensión. El odio corroe por dentro al que lo siente y como decía mi admirada escritora Louise Hay, el odio y el resentimiento es la causa de muchas de las enfermedades que nuestra sociedad sufre en la actualidad.

Ella cuenta en su libro "Usted puede sanar su vida", cómo el odio y el resentimiento que sintió durante mucho tiempo por lo que le ocurrió en su infancia, le hizo enfermar. El hecho de trabajar en el perdón, entre otras cosas, le ayudó a curarse.

Sé que es un poco difícil de aceptar y entiendo que esto te rechine si es la primera vez que lo oyes, pero es así. Puedes elegir sentirte agradecido por una enfermedad que te llegue, porque sin duda es el síntoma claro de que hay algo que no funciona en tu vida. Lo único que te queda es averiguar la causa que ha provocado que tu cuerpo enferme. Mirar en tu interior y actuar.

¿POR QUÉ ENFERMAMOS?

* Reprimir emociones.

* Renunciar a los sueños

* Asumir cargas que no son mías.

* Vivir sin sentir pasión.

* Trabajar en algo que no te gusra.

* Culparme por el pasado.

* Guardar resentimientos.

* Por alejar de tu vida a las personas correctas y aceptar a las incorrectas.

Agradece y agradece sin cansarte todo lo que en tu vida aparezca. Tanto lo bueno como lo menos bueno.

Permítete disfrutar de los momentos bonitos y especiales. Aprovecha cualquier ocasión para ser feliz y reír. La risa es otra terapia que cura.

No te canses nunca de reír y dar las gracias.

GRACIAS, GRACIAS, GRACIAS

CAPÍTULO 22

LIBERA TU CUERPO

Llegados a este punto de mi libro, me gustaría contarte una de las transformaciones más grandes que he experimentado, en un tiempo verdaderamente corto.

Tengo que remontarme mucho tiempo atrás, para poder experimentar un sentimiento de conformismo con mi cuerpo. Bueno, realmente nunca lo experimenté. Mi cuerpo nunca me gustó.

Cuando era pequeña siempre fui gordita. Como ya he contado, en el colegio se reían de mí y me insultaban por ello. Me sentía el patito feo.

Incluso una profesora me dijo en una ocasión, que la cigüeña se había equivocado y que en vez de una niña tenía que haber traído un niño. Nunca fui consciente del daño que esas palabras ocasionaron en esa niña que lo único que quería era encajar con el resto y ser aceptada.

Sólo quería ser una niña normal como mis compañeras.

Una persona con autoridad había dicho algo que podía ser verdad. ¿por qué no creerla? Te aseguro que en alguna ocasión me planteé incluso mi orientación sexual.

Pensaba si eso que en el fondo yo lo sentí un ataque, quizás fuera la respuesta a tantos años de sentirme a disgusto con mi cuerpo.

Hoy y después de todo mi autoaprendizaje y de sanar tantas cosas, tengo más claro que nunca lo que soy y estoy muy orgullosa de ello: ¡Soy Una mujer! Una mujer que se siente mujer por los cuatro costados.

Me siento sensual y femenina. Me gusta como soy y me gusta mi cuerpo. Lo acepto. Ya soy capaz de mirarme al espejo. Antes era imposible. Sentía rechazo por él.

Se ha empezado a moldear. En poco tiempo he adelgazado y mi cuerpo parece más joven. Incluso mi rostro lo refleja. Los que me rodean me lo dicen y me preguntan que cómo lo estoy haciendo.

Pues la respuesta es fácil: cuidarme, quererme y respetarme. Pero antes ha hecho falta que me deshiciera de creencias absurdas que me habían marcado, que sanara experiencias dolorosas que tenía ocultas y que volviera a confiar en los hombres. Esos a los que sin saberlo les había declarado la guerra desde los 8 años.

He perdonado y me he perdonado. No guardo rencor a nadie.

Por este motivo me está siendo tan fácil perder peso.

Los kilos de más pueden ser el reflejo físico de las cargas emocionales que arrastramos del pasado. Aquellas experiencias que nos marcaron y que no supimos digerir.

Quedarnos anclados en esas experiencias y dejarnos dominar por el odio y el resentimiento una y otra vez, convirtiéndonos en esclavos de lo que sucedió, favorecen el sobrepeso.

He comprendido que ni yo ni los demás supimos actuar de otra manera en ese momento, y decidir soltarlo de una vez por todas, me ha ayudado a seguir adelante con mi vida, libre de cargas y ligera de peso.

La comida es una forma de tapar esos sentimientos. Pero no es la solución. Lo mejor es liberarte de aquellas situaciones o personas, aunque ello no implica que estuviera bien. He recurrido al perdón. He dejado por fin que afloren los sentimientos que tenía dentro desde hace tanto tiempo y los he superado.

Me estoy dando permiso para realizarme y cumplir mis sueños.

Esta es la mejor dieta que alguien puede hacer.

No te escondas. Sal de donde estás metido y empieza a ser tu mismo. Saca tu verdadero potencial y conquista el mundo con él. Que nada te detenga.

Después de esto, seguro que aparecen las personas o circunstancias que te ayudan con tu propósito de perder los kilos que te sobran. Es lo que a mi me ha pasado.

Está claro que algo más aparte de curar las emociones tenemos que hacer para adelgazar, pero todo empieza por ahí.

He cambiado hábitos de comidas y hago ejercicio cada día, pero ya no tengo ansiedad por comer.

Como lo que necesito. Ya no tengo que tapar nada.

Por lo tanto, mi recomendación si quieres perder algunos kilitos, es que empieces por tus **emociones**. Cualquier dieta que te dispongas a hacer sin antes haberlas trabajado, puede que te funcione a corto plazo, pero no serán duraderos los resultados y el efecto rebote estará asegurado.

Sólo tienes que observar que cuando a veces tienes un impulso por comer desesperadamente, es cuando has pasado o estás pasando por algo que emocionalmente te afecta negativamente. Te vas a la nevera y comes lo primero que encuentras.

Comer desesperadamente y por impulso es una tapadera momentánea para paliar el dolor, pero que si no lo controlamos puede ir aumentando las consecuencias negativas, pues cada vez te verás peor físicamente y tu estado de ánimo disminuirá.

Sin embargo si cada vez te encuentras mejor con tu cuerpo, tu autoestima y confianza mejorarán y serás capaz de afrontar los desafíos a los que te enfrentes de una manera más segura y con más confianza.

Anímate a hacer este tipo de dieta. Tu cuerpo y tu mente te lo agradecerán.

CAPÍTULO 23

EL AUTOCONOCIMIENTO

Sin duda la mejor manera para avanzar y crecer en nuestras vidas, es el autoconocimiento.

El autoconocimiento es el paso previo y fundamental para lograr la autoestima, el autorrespeto y el autocontrol. No se puede amar, respetar ni controlar lo que no se conoce. No puede haber autoestima sin autoconocimiento, que es el propio conocimiento, profundo y sincero de uno mismo.

Es un proceso lento que lleva a una persona a ser consciente de sus necesidades, limitaciones, temores, alegrías y no se produce de la noche a la mañana. Empieza cuando se toma conciencia de las propias debilidades y fortalezas y puede prolongarse toda la vida.

Cuando uno se conoce y sabe lo que puede hacer con mayor o menor facilidad, se acepta a sí mismo con sus defectos y virtudes y puede también aceptar a los demás tal como son.

Hay personas que constantemente tratan de mostrar que son fuertes, que no tienen miedo y no les importa la opinión de los demás. Parecen atrevidas. Pero probablemente en realidad estas personas tienen una baja autoestima y es la manera que tienen de ocultarlo. La autoestima positiva produce seguridad en uno mismo. Y lograr esa autoestima implica un proceso de crecimiento personal.

Quiero contarte que mi proceso de crecimiento personal y precisamente de autoconocimiento, empezó justo cuando comencé a hacerme ciertas preguntas existenciales sobre mi vida y mi persona.

Yo era justo ese tipo de persona que enmascaraba mis miedos e inseguridades bajo capas y capas de falsa fortaleza. Entendí que las respuestas estaban dentro de mí. Lo que ocurría era que no me encontraba preparada para buscarlas. No tenía las herramientas necesarias. Tampoco sabía lo que tenía que buscar.

Sólo sabía que no estaba bien y empecé a buscar. Tengo que decir que nunca me ha parado nada. Empezaron a aparecer las personas adecuadas que me recomendaron leer libros y me hablaron de terapias de las que nunca había oído hablar.

Fui probando y buscando respuestas. Y puedo asegurarte que fueron apareciendo. Nunca me he cerrado a nada. Mi mente estaba abierta a lo que pudiera pasar, aunque a veces también se resistía a creer que algunas de las respuestas fueran las que eran. Es doloroso mirarte el ombligo y ver que está sucio y que eres tu el que puede limpiarlo, o aceptar que ciertas cosas son como son y aunque nos gustaría que fueran de otra manera, no nos queda más que aceptar, si no queremos seguir en conflicto.

Pero si algo tenía claro era que quería un cambio en mi vida y si tenía que ponerme el traje de Cenicienta y empezar a limpiar, lo haría. De hecho ha sido y está siendo la manera de ponerme después el traje de gala para poder ir al baile.

A día de hoy me sigo transformando. Es una escalera que una vez que la empiezas a subir, ya no quieres mirar para atrás para volver a bajarla. Mi vida ya no es la misma.

Ha sido el propio conocimiento de mi misma el que me ha ido reportando libertad. Y como ya sabes, la libertad trae consigo felicidad. Conocerme en profundidad ha facilitado poder actuar en coherencia con mis defectos y virtudes.

Pues como te digo, todas las terapias me han ayudado mucho. Cada una de ellas ha sido como los dientes de una cremallera. Todos necesarios para que la cremallera funcione. Han ido conformando y ofreciéndome las piezas de mi puzle. Un puzle que durante muchos años estuvo incompleto y desordenado.

Me apunté a cursos y conferencias y me traté con profesionales especializados en distintos temas. Entre ellas bioneuroemoción, Tapping, Reiki, Constelaciones familiares…, meditación.

Pero la que para mí ha sido la estrella de todas y que más resultados me ha dado, precisamente por las respuestas que me ha ido aportando sobre mí misma y que más me ha ayudado a conocerme, es la Numerología.

No se si terapia es el adjetivo más apropiado para ella, pero desde luego para mí ha sido una medicina.

Se trata de una información, que no una adivinación, que situada en el mismo alma del ser, te permite conocer, trabajar, trascender y fluir por tus aspectos físicos (incluida la enfermedad), emocionales, psicológicos, sentimentales y espirituales, es decir, que a través de unos cálculos numéricos sobre la persona a tratar, se llega a obtener información trascendental que te ayuda a entender los por qué y para qué de tu vida. En definitiva, aporta luz.

Y eso es lo que ha aportado a mi vida. Mucha luz y claridad para actuar.

Pero tranquilo, sé que esto puede intrigarte y voy a contarte un poco más sobre ella y cómo ha transformado mi vida.

¿Me acompañas al siguiente capítulo? Te aseguro que es muy interesante.

CAPÍTULO 24

<u>LA NUMEROLOGÍA</u>

Fue después de mi divorcio cuando esta herramienta, para mí tan importante, hizo acto de presencia en mi vida. El que era mi pareja entonces estaba haciendo una serie de cursos relacionados con el crecimiento personal y me invitó a uno de ellos. Yo no sabía de qué iba el curso, pero me apasionaban esos temas y me daba igual. Seguro que aprendería algo nuevo.

El curso era sobre un tema llamado Numerología. Le impartía un experto en el tema que estaba doctorado en medicina. Había empezó su carrera profesional como médico general, y más tarde comenzó su interés por la influencia del espíritu sobre el cuerpo. Es decir, de cómo afectaban las emociones en el estado físico y psicológico de las personas.

A medida que pasaban las horas y el curso iba avanzando, me iba enamorando más del tema. En la sala había unas 50 o 60 personas y entre todas ellas, el doctor me señaló a mí para que hiciera de conejillo de Indias. Utilizó mi nombre y fecha de nacimiento para hacer mi carta numerológica y así poder explicar mejor cómo se hacía y cómo se interpretaba.

No podía creer lo que me decía. Parecía que alguien le hubiera contado mi vida. Me dijo cosas de mí que no las sabía ni yo en ese momento.

Con el tiempo me he dado cuenta de que mis números le dijeron más cosas de mi vida, que si yo misma se las hubiera contado. Porque yo le hubiera contado la percepción de mí en ese momento. Y los números desvelaron muchas más cosas. Cosas de las que me he ido haciendo consciente después. Me aportó información que hizo despertar a mi alma del largo letargo en el que estaba sumido.

Fue a raíz de ese curso, que yo empecé a interesarme por saber más cosas de la numerología. Buscaba información en internet, leí algún libro, fui a otros pequeños cursos. Todo porque realmente lo que esta herramienta me reportaba era información sobre mí misma. Me estaba ayudando a conocerme.

Y lo que era más importante y en aquel curso me hizo conectar más con esta especie de ciencia, fue cuando el doctor nos habló de que gracias a ella, los padres podíamos conocer mejor a nuestros hijos.

Nos ayudaría a saber cómo tratar a cada uno. No es lo mismo la forma en que educamos a unos hijos que la forma en que educamos a otros. O al menos no debería serlo. Todo ello tendría que depender de la personalidad de cada uno

Aunque sean hijos del mismo padre y de la misma madre, ninguno es igual que otro.

Yo pensé que si esta herramienta nos reporta más información de cómo son realmente nuestros hijos, antes de que los padres y los profesores les empecemos a intoxicar y en muchas ocasiones a limitar con nuestras propias creencias, la tarea de educarles y orientarles, incluso en sus estudios o en su vida profesional, sería mucho más fácil.

¿Qué es la Numerología?

La Numerología no es algo nuevo que se haya inventado alguien y se haya puesto de moda ahora. No es una adivinación.

La Numerología es una sabiduría ancestral y se dice que nació en la Civilización de la "Atlántida". Tras su desaparición bajo las aguas, de esta avanzadísima civilización, algunos de los conocimientos fueron custodiados por los templos egipcios y transmitidos a lo largo de la historia.

La numerología siempre fue utilizada como medio de autoconocimiento. En la antigüedad la usaban muchas culturas para tener una guía de los nuevos integrantes de la familia y así mismo guiar a las personas desde pequeños por el camino correcto para cada uno.

El daño para ésta y otras tantas sabidurías antiguas se produjo con la llegada del racionalismo y la etapa científica. Todo aquello que no respondiera al método científico, se descartó e incluso se escondió y sus textos fueron quemados por la Iglesia y otros defensores del método científico (de ensayo, error). Es decir, servía si antes era comprobado.

No interesaba el autoconocimiento, ni las emociones, ni el mundo mágico de las señales y las coincidencias. Todo eso quedaba relegado a las "brujas", los nativos sin cultura y los incultos. La mente y la razón tomaron el protagonismo hasta nuestros días.

Ahora vivimos un tiempo de renacer de estas sabidurías que nos aportan una valiosa información sobre nosotros mismos y sobre los demás y una nueva forma de entender lo que nos pasa, más allá de la mente racional que todo lo justifica y necesita ver para creer.

¿PARA QUÉ SIRVE LA NUMEROLOGÍA?

La Numerología es una herramienta que nos permite saber quiénes somos y a qué hemos venido. Cuando estamos perdidos y no sabemos nada de nosotros, no sabemos de nuestras pasiones, tampoco reconocemos nuestro lado negativo y en muchas ocasiones no conocemos nuestras fortalezas.

Pero hace un par de años llegó a mí una información sobre un tipo de numerología distinta, o quizás yo la sentí así, porque era el momento perfecto para que yo la recibiese.

Se trataba de la **Numerología Kármica.** Un tipo de numerología que también explicaba unos karmas que al hacer el estudio numerológico se obtenían y argumentaban el motivo de por qué en esta vida se vivían ciertas experiencias que nos obligaban a aprender por "las malas", es decir desde el sufrimiento, algo que no habíamos aprendido y superado en vidas pasadas.

Puede parecerte extraño e incomprensible, si en tu sistema de creencias no existe la posibilidad de vivir más de una vida. Pero hay estudios que demuestran que cuando una persona fallece, lo que muere es solamente el cuerpo. Su alma pasa a ocupar otro cuerpo distinto. Y es precisamente ese cuerpo el que tendrá que vivir los karmas que el cuerpo anterior haya dejado pendientes.

Para que me entiendas. Es como si al llegar eligiéramos un Avatar. Y es con ese Avatar con el que tenemos que transitar esta vida. Cuando ese muere, nuestra alma elige otro distinto para poder vivir experiencias materiales en el plano físico.

La numerología es **un programa de vida**. Es la respuesta a querer saber <u>sobre mi Misión en la tierra, sobre mi Plan de Alma. ¿A qué he venido? ¿Cómo darle sentido a mi vida?</u>

A través de los números accedemos al programa que decidimos trabajar cuando nacemos.

Encarnamos en esta vida con unos dones, talentos naturales, cualidades innatas y también con unos bloqueos o karmas.

El Karma no es un castigo por que sí. Es una deuda pendiente, que te obliga a vivir aquellas situaciones donde se originó el karma, de nuevo en esta vida, para poder limpiarlo, hacerlo bien, tómar conciencia y <u>recuperar la libertad de albedrío en el área da-ñada.</u> Bien sea relacionado con dinero, amor o salud.

Pues te explico todo esto, porque quizás ahora después de leer parte de mi historia personal, te pueda resultar más fácil entender que ha sido gracias a la numerología, que yo he conseguido saber muchos de los motivos de las experiencias que he tenido en mi vida.

Gracias a ella y a lo que sus números han dicho de mí, he entendido que tenían que pasar ciertos acontecimientos negativos y que ellos tenían que ver con deudas pendientes.

Esas circunstancias, aunque dolorosas en la mayoría de los casos, me han servido para poder rectificar y por fin hacer las cosas bien. El sufrimiento te lleva a evolucionar. La evolución a la sanación. Y la Sanación lleva implícita un cambio.

SUFRIMIENTO=EVOLUCIÓN=SANACIÓN=CAMBIO

Para poder sanarnos es importante que entendamos qué hacemos aquí. La tierra es una Universidad para el Alma.

Necesitamos integrar en nosotros tanto los dones y talentos como las limitaciones y miserias que traemos, para así poder trabajar en ellas, potenciando los unos y sanando las otras.

Es decir, tengo que aceptarme tal como soy, amarme y tomar la responsabilidad de mi vida para así sentirme libre y seguir avanzando.

Entender esto me ha ayudado un poco más a saber que lo que he vivido es justo lo que tenía que vivir. Y no puedes imaginarte lo que eso alivia. Aceptarlo y aprender de cada una de las experencias.

Pero de nada sirve que la numerología o cualquier otra terapia o herramienta te de información acerca de tu persona, si después tu no haces nada con ella.

Es como si vas al médico, te dice que tienes una enfermedad grave, pero te quedas en casa tumbado en el sofá esperando que algo suceda para sanarte. Pues esto es lo mismo.

Tú podrás hacer lo que quieras, y en tu derecho estás, pero ya no podrás decir que no lo sabías.

Por ponerte un ejemplo, te explicaré uno de mis karmas. El llamado Karma social 12/3. Una de las características de este karma es que durante la infancia te sientes muy vulnerable, quieres hacerte mayor y es una cuestión de supervivencia.

Pues te aseguro que es exactamente así como yo lo viví y lo sentí. Las cosas que me ocurrieron hicieron que mi infancia no fuera una infancia alegre y feliz.

Pero esta maravillosa Numerología, también te ofrece la solución al problema. Para resolver ese karma 12/3 existen unas pautas a seguir y te aseguro que en mi caso, seguir esas pautas, me han dado resultados extraordinarios.

Algunas de ellas son:

* Se sana expresando sentimientos, palabras, ideas y aprendiendo a comunicarse.

* Se sana no juzgando y expresando adecuadamente. Hablando con el corazón y soltándose al mundo.

* Desarrollando la flexibilidad y la tolerancia con los demás y con uno mismo.

* No teniendo miedo a crecer y hacerse mayor. Asumiendo responsabilidades.

* Desarrollando su faceta sociable y abierta de hablar en público, dar clases, enseñar e incluso su faceta de actores o escritores.

Juzga por ti mismo, si después de leer sobre mi vida y leer sobre cómo solucionar uno de mis karmas, no es bastante acertado.

Empecé a sanar cuando me hice consciente de cómo me sentía. Cuando empecé a expresarme y a contar las cosas que me habían pasado. Entendiendo que era eso lo que tenía que vivir para trascenderlas y así poder evolucionar. Haciéndome responsable de mis actos y de mi vida.

Uno de mis números importantes en mi carta numerológica es el número 5. Para ese número la palabra clave es la **Libertad**. Esa que siempre me faltó, porque no me sentí libre. Ha sido eso precisamente lo que más he tenido que trabajar.

Conocerme para crecer, actuar y tomar las riendas de mi vida. Pero como no hay sombra sin sol, ni luz sin oscuridad, no podemos saber lo que es la libertad si nunca nos ha faltado. Luchas por lo que no tienes, cuando ya te has cansado de esa situación.

Cuando me dijeron por primera vez que yo era un número 5 y lo que ello significaba, no me sentí para nada identificada con él. Nunca me había sentido libre.

Hoy puedo decir que es mi número favorito. Me siento libre de pensamiento, palabra y obra. Y me encantaría que mi libro pueda ayudarte a ti también a sentirte así. Y si lo sientes ya, ¡enhorabuena! Disfruta de ella y se feliz.

Lo más valioso que una persona puede poseer es su propia libertad. Para pensar, expresarse, sentir y actuar.

Podría contarte más cosas de mi numerología o darte más datos teóricos acerca de números, significados y formas de resolver karmas, pero no serviría para nada y no es lo que pretendo. Es un tema muy extenso para contártelo en un capítulo y la interpretación de una carta numerológica no puede hacerla cualquier persona. Lo mejor es que lo haga alguien con mucha experiencia y resultados comprobados.

Mi propósito es que conozcas de la existencia de esta maravillosa herramienta que ha abierto caminos en mi vida. Me ha servido para encontrar respuestas sobre mí y sobre mis hijos. Me ha ayudado y me ayuda cada día a guiarme y poder guiarles a ellos en sus conflictos.

El conocer sus cartas numerológicas también, me ha arrojado luz en la forma de cómo tratarles y saber cómo reaccionar ante determinadas situaciones. Sobre todo a nivel emocional. Saber cuáles son sus dones y en qué pueden ser buenos. Animarles a perseguir sus sueños y luchar por ellos.

A dejar que lo intenten sea lo que sea, porque además su numerología ratifica que lo que sus almas quieren hacer y les llena, es precisamente para lo que han venido, pues tienen unos dones y talentos específicos.

Yo hoy por hoy, sigo estudiando y trabajando esta herramienta para conocer más de ella y así poder extenderla al mayor número posible de personas.

Pero aún tengo que contarte algo más, que ha sido decisivo en mi vida para poder poner en marcha y utilizar la información que por fin había llegado a mis manos con la Numerología. Algo que ha sido determinante para que puedas estar leyendo este libro.

Algo mágico que ha terminado de aportarme la luz necesaria y que apareció en el momento justo. Ahora te lo cuento.

Pasa la página y sigue leyendo. Estamos acabando.

CAPÍTULO 25

LAS SEÑALES TE GUÍAN

Pero antes de hablarte de eso tan importante que ha sido el remate final de mi tarta y que me ha empujado a estar aquí contigo, quiero contarte algo que me ocurrió hace poco tiempo.

Precisamente tiene que ver con la numerología y las señales mágicas que aparecen en nuestras vidas para ayudarnos a saber que estamos en el buen camino.

En algunas ocasiones he dicho que siempre me he sentido como un globo amarrado a una cuerda. Tenía la sensación de que cuando en mi vida quería elevarme, algo o alguien aparecía y daba un fuerte tirón de esa cuerda para evitar que subiera y me dejaba otra vez a ras de suelo.

El otro día salí a pasear, como muchos días desde que he decidido cuidarme, y al pasar por unos chalets con patio, vi que de uno de ellos salía volando un globo.

No podía creer lo que estaba viendo. Era uno de esos globos de los cumpleaños que tienen forma de número. ¿Y sabes qué número era? Pues sí. Era un 5. Un globo en forma de 5 de color oro con un trozo de cuerda atado, que se precipitaba hacia el cielo a una velocidad de vértigo.

Ya te he contado que en numerología mi número de misión o sendero de evolución es un 5. ¡LA LIBERTAD!

En nuestras vidas, el estado de paz y armonía permanente, se consigue cuando tenemos la certeza absoluta de que estamos cumpliendo y desarrollando nuestra misión. De que estamos realizando una labor con pasión, gusto y alegría.

Este dato nos indica lo que debemos aprender a hacer para obtener la realización en esta vida. (En el hinduismo lo llaman Karma).

Pues el 5 fue siempre mi karma. No sentirme libre para pensar, sentir y actuar. Y mucho menos para expresarme. Era como si siempre hubiera tenido tapada la boca. Hablaba mucho sí, pero nunca de sentimientos, emociones y mucho menos de mi verdadera identidad.

Tenía miedo de expresar lo que verdaderamente pensaba y sentía. Quería ser aceptada y pensar de forma diferente no ayudaría. Estaba tapada y oculta por muchas máscaras.

Al ver ese globo no pude evitar llorar como una niña. Pero no lloraba como la niña a la que se le ha escapado el globo. No. Lloraba de emoción al sentir que ese globo era esa niña que por fin podía volar. ¡Yo era esa niña y estaba volando!

Intenté hacerle una foto al globo porque pensé que cuando lo contara no me creerían, pero las lágrimas no me dejaron. Cuando pude por fin encender la cámara del teléfono, el globo estaba demasiado lejos.

Fue entonces cuando entendí que eso que había sentido antes de que alguien o algo me ataba al suelo y no me dejaba elevarme, no existía. La única que me mantenía amarrada al suelo era yo misma. Cargando con todos aquellos sentimientos y mochilas pesadas de culpa, baja autoestima y falta de amor a mi misma.

Atraía personas y situaciones que aumentaban esos sentimientos. Sentía que iba cayendo cada vez más bajo. Pero cuando llegas al fondo, lo único que queda ya, es subir. Y en ello estoy. Mi globo dorado me lo confirmó.

Desde que he empezado a escribir el libro y he decidido contar todo lo que nunca me permití, y expresarme como nunca antes lo había hecho, tengo la sensación de que peso menos.

Aunque también es cierto. Porque como ya te he dicho, en los últimos 4 meses he adelgazado 7 kilos.

Supongo que esas mochilas que no me dejaban alcanzar nada que no estuviera a ras de suelo, aunque eran simbólicas, también pesaban en mi cuerpo físico.

Dicen que perdonar adelgaza y en mi caso ha sido así.
Pero ya no me ataba nada. Desde que había empezado mi autoconocimiento y había ido limpiando y superando obstáculos, esas mochilas tan pesadas habían ido desapareciendo.

La sensación de paz y tranquilidad en mi corazón era tan grande y había inflado el globo con tanto aire, que había roto la cuerda.

¡Era libre! Libre para expresar, para decir, para poder comunicar al mundo. Y eso es lo que pretendo con mi libro. Por eso sé que no es casualidad que ese globo apareciera.

Fue una señal para indicarme que este es el camino que he de seguir.

¡Te invito a que me acompañes!

MI GRAN RECOMENDACIÓN

La voz de tu alma

Y ya para terminar, me gustaría hablarte de otro de los pilares importantes en los que se ha apoyado y se sigue apoyando mi transformación personal.

Se trata de una persona muy especial que apareció en mi vida hace algo más de un año y que la ha terminado de revolucionar. El es quien ha escrito la saga de libros más importante que conozco de crecimiento personal y que también está revolucionando y transformando la vida de muchísimas personas en todo el mundo.

Te hablo de **LAIN GARCÍA CALVO** y su saga es **LA VOZ DE TU ALMA.**

Leer sus libros, ver sus muchos videos en su canal de you tube y sobre todo asistir a un evento que realiza dos veces al año en Barcelona (VUELVETE IMPARABLE), sin duda han sido para mí la guinda del pastel.

Mi vida se había empezado a transformar hace unos años. Como te he contado, había empezado a realizar cursos, leer libros y hacer varios tipos de terapias, pero sentía que faltaba algo. Seguía estancada y no conseguía avanzar lo que en verdad quería.

Pues te aseguro que LAIN con su saga de libros, ha supuesto para mí esa patada en el culo que sin duda necesitaba para salir del fango en el que me revolcaba una y otra vez.

Ha sido para mí el empuje definitivo. Quien de verdad me ha dado fuerzas para tomar acción. Esa acción imparable que salta todos los obstáculos que se ponen por delante.

Sus libros han aportado claridad a mi vida. Han colocado por fin las piezas de mi puzzle en su sitio. Todo ha empezado a tomar forma.

No tengo más que palabras de agradecimiento para él. Agradezco el día que empezó a escribir sus maravillosos libros y decidiera compartirlos con el mundo. Ya ha conseguido vender más de 360.000 ejemplares.

Te recomiendo que lo leas. Empieza a escuchar la voz de tu Alma. Aprenderás los principios universales que funcionan si los aplicas, para llevar tu vida a un siguiente nivel.

Me ha hecho ver que mis sueños son posibles y que la única responsable de que no empezara a alcanzarlos era yo.

Puedes adquirir sus libros en la página web:

www.laingarciacalvo.com

Y suscribirte a su canal en You Tube LAIN- LA VOZ DE TU ALMA.

Puede que en el pasado sufrieras muchas injusticias, derrotas, fracasos y desilusiones.

¡No importa nada de eso!

Es mucho más importante al lugar a donde vas,
que el lugar de donde vienes.

Y hay una razón por la que el Universo cerró ciertas puertas de bronce, es porque hay nuevas puertas de oro esperando para ti.

Confía, ten Fe, aprende los principios de la Saga de LA VOZ DE TU ALMA y ¡Vuélvete Imparable!

¡TU CAMBIO EMPIEZA HOY! (LAIN)

Gracias infinitas LAIN. Has sido y eres una bendición en mi vida.

¿TE SIENTES LIBяE?

COMPARTIR ES VIVIR

Voy a pedirte una cosa. Comparte conmigo si así lo sientes, tus pensamientos al leer este libro. Me ayudará enormemente a seguir aprendiendo.

Escribirlo ha sido todo un reto para mi, pero estoy segura y convencida de que ha merecido la pena.

Mi esfuerzo para hacer que muchas personas lleguen a leer este testimonio, tendrá su recompensa si con ello consigo que al menos una de ellas empiece a ver la luz al final del túnel.

Si quieres contarme alguna experiencia que por algún motivo no te hayas atrevido a contar a nadie, o algo que te apetezca, porque creas que puede ser importante, escríbeme un correo electrónico. Estaré encantada de leerte.

Quizás te hayas visto reflejado o reflejada en alguna de mis experiencias.

 raquel@raquelparis.com

Y para extender un poco más mi mensaje, también puedes hacerte una foto con el libro y enviármela. Me alegrará tenerte entre mis seguidores y personas que aman la libertad y trabajan cada día por conseguirla.

Para terminar, te agradecería que recomendaras el libro a tus familiares o amigos. Aquellos de los que te hayas acordado al leerlo, quizás por alguna experiencia parecida a la mía que hayan tenido. Nunca se sabe lo que una frase o palabra leída en el momento oportuno, puede ayudar a otra persona.

Anota aquí el nombre de 5 personas a las que pienses que este libro les puede ser de utilidad y que les puede gustar o aportar algo positivo a sus vidas:

1 ....

2 ....

3 ....

4 ....

5 ....

Piensa que compartir es vivir y si compartes más, vivirás más. Y sobre todo mejor.

GRACIAS GRACIAS GRACIAS de todo corazón por ayudarme a que seamos más los que cada día nos podamos sentir un poco más libres.

Seguimos juntos en las redes sociales, para conseguir un mundo más libre y feliz. ¿Me acompañas?

@ raquelparisvalle

@ raquelparisvalle

Raquel París ¿Te sientes libre?

WWW.RAQUELPARIS.COM

LIBEЯTAD

"Ser libre no es solamente quitarse las propias cadenas, sino vivir de una forma que mejore y respete la libertad de los demás"

"Al salir por la puerta hacia mi libertad, supe que si no dejaba atrás toda la ira, el odio y el resentimiento, seguiría siendo un prisionero"

NELSON MANDELA
(1918-2013)

www.ingramcontent.com/pod-product-compliance
Lightning Source LLC
LaVergne TN
LVHW091704190726
843493LV00001B/136